NOTICE

DES TABLEAUX

ET OBJETS D'ART,

EXPOSÉS

AU MUSÉE-FABRE

de la ville de Montpellier.

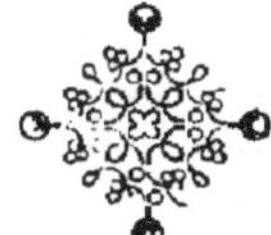

MONTPELLIER.
IMPRIMERIE DE BOEHM ET Cᵒ, ET LITHOGRAPHIE.
1839.

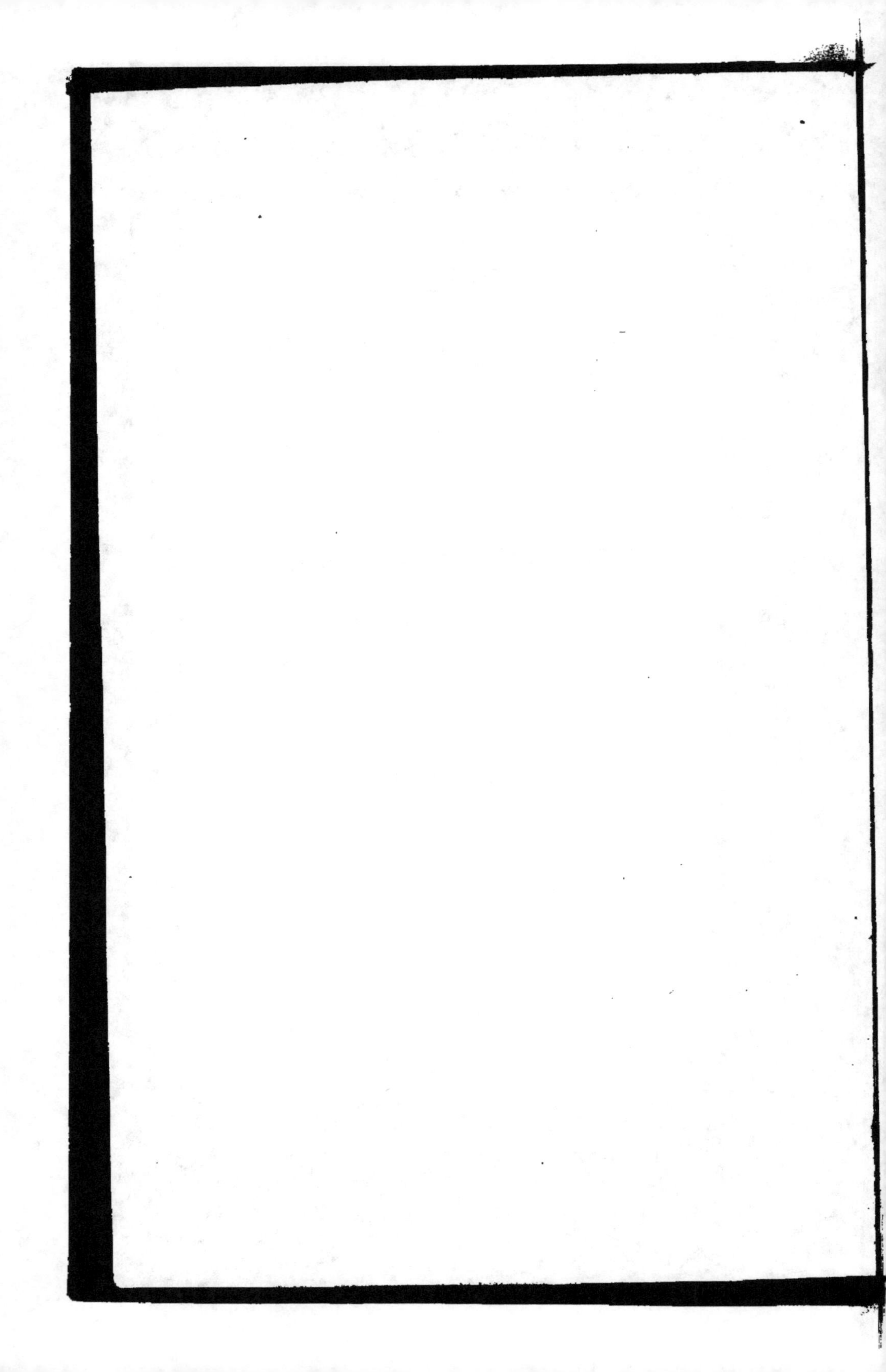

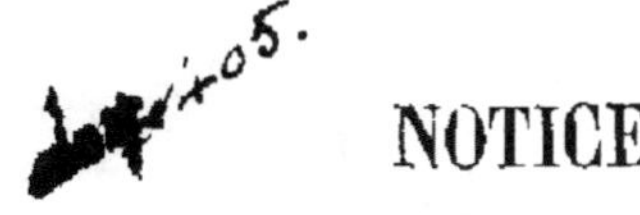

NOTICE

DES TABLEAUX

ET OBJETS D'ART,

EXPOSÉS

AU MUSÉE-FABRE

de la ville de Montpellier ;

Suivie

DE TABLES ALPHABÉTIQUES, PAR ÉCOLES, DES PEINTRES DONT LES OUVRAGES SONT INDIQUÉS DANS CETTE MÊME NOTICE.

Le Musée est ouvert au Public le Lundi, le Dimanche et les jours de Fête, depuis 11 heures du matin, jusqu'à 3 heures de l'après-midi.

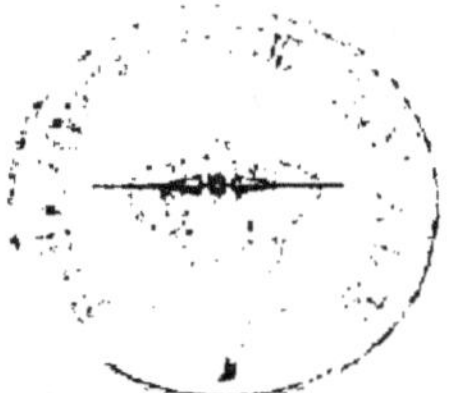

PRIX : 1 FRANC.

MONTPELLIER.
IMPRIMERIE DE BOEHM ET Ce, ET LITHOGRAPHIE.
1839.

AVIS.

Cette Notice ne sera vendue qu'à la porte du Musée.

Le Public est prévenu que, pour la plus grande sûreté des Tableaux et Objets d'Art que cet Établissement renferme, on devra déposer, à l'entrée, les manteaux, cannes et parapluies.

Le Portier ne pourra percevoir plus de cinq centimes pour chacun de ces objets.

Il est défendu de laisser entrer les enfans au maillot, ou qui ne pourraient point marcher.

La même défense s'étend aux enfans au-dessous de l'âge de douze ans qui ne seraient pas accompagnés de leurs parens.

L'entrée des chiens est interdite.

AVERTISSEMENT.

Les tableaux dont la description est précédée d'une croix (†), sont ceux qui étaient placés dans les salles de la Mairie, avant 1806, ou qui ont été acquis depuis par la Ville.

Ceux qui ont été donnés par le Gouvernement, sont désignés par la lettre (**G**), mise en tête de la description.

La riche collection de M. Fabre, qui a servi à fonder le Musée, a été transmise à la ville par deux libéralités : la première, en date du 2 avril 1825 ; la seconde, du 22 février 1837. Les tableaux de l'une et de l'autre donation sont distingués par les lettres (**F.** [25]), (**F.** [37]).

Depuis la fondation du Musée, M. Collot, de Montpellier, Directeur de la Monnaie à Paris, a aussi doté sa ville natale d'une rente annuelle de 1,000 fr., pour être employée à l'achat de tableaux ; ceux-ci sont notés aux articles qui les concernent par la lettre (**C**).

M. Valedau a également fait don à Montpellier, où il est né, d'une très-belle collection; aux articles qui en font partie, on a rappelé le nom du donateur par la lettre (V).

D'autres personnes, enfin, ont gratifié le Musée de divers tableaux ou objets d'art; leur nom est inscrit à la fin de la Notice de l'objet donné.

Fondateur du Musée.

M. FABRE (F.-X.-Pascal), *Membre correspondant de l'Institut royal de France*, *Professeur de l'Académie des Beaux-Arts de Florence*, *Baron*, *Membre de la Légion d'honneur et Chevalier de Saint-Joseph de Toscane*, *né à Montpellier, le 1.er avril 1776; décédé en la même ville, le 16 mars 1837.*

Bienfaiteurs du Musée.

M. COLLOT, *de Montpellier*, *Directeur de la Monnaie royale des Médailles*, *à Paris.*

M. VALEDAU, *de Montpellier*, *décédé à Paris le 7 décembre 1836.*

MUSÉE-FABRE.

ALBANE (**Francesco ALBANI**), *né à Bologne en 1578, mort en 1660. — Il reçut les premiers principes du dessin chez Denis Calvart, et passa ensuite dans l'école de Louis Carrache.* (École Bolonaise.)

1. (V.) Loth et ses filles :

Loth assis dans une grotte entre ses deux filles, boit avec avidité le vin qu'elles s'empressent de lui verser ; plus loin la ville de Sodome est livrée aux flammes, et la femme de Loth est changée en statue de sel.

Cuivre : Haut. 0 m. 11 c. — Larg. 0 m. 72 c.

2. (G.) Adam et Ève chassés du Paradis terrestre :

L'Éternel, au milieu de sa gloire, est soutenu par les Anges, qui semblent s'apitoyer sur le sort d'Adam.

Toile : Haut. 0 m. 66 c. — Larg. 0 m. 50 c.

—

ALLORI (**Alessandro**), *né à Florence en 1535, mort en 1607. — Élève de son oncle Angelo Bronzino.* (École Florentine.)

3. (F. 37) St Jean-Baptiste dans le désert :

Il est en méditation devant une croix de roseaux. — Ce tableau est signé et porte la date de 1586.

Cuivre : Haut. 0 m. 31 c. — Larg. 0 m. 23 c.

ALLORI (Cristofano), *né à Florence en 1577, mort en 1621. — Élève de son père Alexandre Allori, surnommé Il Bronzino.* (École Florentine.)

4. (F. 25) La Vierge embrasse l'enfant Jésus qu'elle tient dans ses bras.

Bois : Forme ronde, 0,16 de diamètre.

5. (F. 25) Étude pour un jeune David :

Il tient sous le bras l'épée de Goliath.

Bois : Haut. 0 m. 49 c. — Larg. 0 m. 39.

ANDRÉ DEL SARTO (Andréa VANNUCCHI, dit) *né à Florence en 1488, mort en 1530. — Élève de Giovan Barile, sculpteur en bois, et ensuite de Pier di Cosimo.* (École Florentine.)

6. (F. 37) La Ste Vierge tient l'Enfant Jésus sur ses genoux :

Dans le fond St Jean-Baptiste descend d'une montagne.

Bois : Haut. 0 m. 54 c. — Larg. 0 m. 42 c.

7. (F. 25) Le Sacrifice d'Abraham. (Esquisse.)

Bois : Haut. 0 m. 18 c. — Larg. 0 m. 14 c.

ASSELYN (**Jean**), *né à Anvers en 1610, mort à Amsterdam en 1660. — Élève d'Isaac Van Ostade.* (École Flamande.)

8. (F. [25]) Une chasse au lion :

Un des chasseurs est renversé de son cheval qui a été blessé par un lion qu'on voit mort auprès de lui : il survient un nouveau lion ; les deux autres chasseurs prennent la fuite et abandonnent leur compagnon sans secours. Le paysage représente une immense plaine.

Toile : Haut. 0 m. 97 c. — Long. 1 m. 34 c.

—

AZEGLIO (**Marchese d'**), *de Turin, amateur distingué.*

9. (F. [25]) Un brigand de la campagne de Rome :

Il se repose à côté de son cheval.

Toile : Haut. 0 m. 21 c. — Larg. 0 m. 29 c.

—

BARBIERI, *voyez* **Guerchin.**

—

BAROCHE (**Frederico Barocci**), *né à Urbin en 1528, mort en 1612.* (École Romaine.)

10. (F. [37]) Une tête d'Ange.

Toile : Haut. 0 m. 28 c. — Larg. 0 m. 21.

—

BASSANO (**Jacopo da Ponte, dit le**), *né en 1510, mort en 1592.* (École Vénitienne.)

11. (F. [37]) Un Ange annonce aux Bergers la venue du Messie.

Toile : Haut. 0 m. 50 c. — Larg. 0 m. 42 c.

12. (F. [37]) Juda donne en gage son anneau et son bâton à Thamar.

Toile : Haut. 0 m. 40 c. — Larg. 0 m. 32.

—

BERCKHEYDEN (**Guérard**), *né à Harlem en 1643, mort dans la même ville en 1693.*

13. (C.) Vue de la place et de la cathédrale de Harlem :

On voit sur la place un grand nombre de figures.

Toile : Haut. 0 m. 87 c. — Larg. 1 m. 28 c.

—

BERGHEM (**Nicolas ou Klaas, dit**), *né à Harlem en 1624, mort dans la même ville en 1683. — Élève de Van Haerlem son père, de Van Goyen et de J.-B. Weeninx.*

14. (F. [25]) Paysage avec grand nombre d'animaux :

On voit au milieu un berger sur son cheval ; il est vêtu d'une veste rouge, et il a par-dessus une peau de mouton. Un paysan frappe de son bâton un bœuf qui s'effarouche de l'aboiement d'un chien. Un fleuve parcourt une vaste plaine. L'horizon est terminé par une très-grande montagne ; des nuages peu élevés se groupent sur ses flancs.

Toile : Haut. 0 m. 65 c. — Larg. 0 m. 77 c.

15. (V.) Paysage :

Une jeune fille trayant une vache au milieu de son troupeau.

Bois : Haut. 0 m. 27 c. — Larg. 0 m. 34 c.

16. (V.) Paysage (les fagots) :

Le site est coupé par une rivière. Une jeune fille avec son troupeau accompagne des paysans qui chargent des fagots sur son âne.

Bois : Haut. 0 m. 29 c. — Larg. 0 m. 36 c.

—

BERRÉ (d'Anvers), *peintre moderne ; cet artiste a été long-temps dessinateur au Jardin des Plantes, à Paris.*

17. (V.) Paysage avec différens animaux ; vaches, génisses, moutons et chevaux au pâturage.

Bois : Haut. 0 m. 43 c. — Larg. 0 m. 69 c.

—

BERTIN (Édouard), *Artiste vivant.*

18. (G.) Paysage :

Vue prise dans les Apennins, sur le sommet du Mont *Lavernia*, auprès du couvent de ce nom.

Toile : Haut. 1 m. 80 c. — Larg. 1 m. 39 c.

—

BESTIEU (Jean), *né à Montpellier, le 23 août 1754. (Peintre vivant.)*

19. Brutus condamnant ses fils à mort.

Donné par l'Auteur.

Toile : Haut. 1 m. 46 c. — Larg. 1 m. 96 c.

—

BLOEMAERT (Abraham), *né à Gorkum en 1567, mort à Utrecht en 1647.*

20. (F. 37) La Vierge, l'Enfant Jésus, St Joseph, et St Jean qui lui présente des fruits :

Le fond représente un paysage.

Cuivre, ovale : Haut. 0 m. 13 c. — Larg. 0 m. 10 c.

—

BLOEMEN, dit **Orizzonte** (**Jean-François Van**), *né à Anvers en 1656, mort à Rome vers 1749.*

21. (F. 25) Un paysage en hauteur :

Un pont aboutit à une tour adossée à une grande porte ; deux figures sur le devant.

Toile : Haut. 1 m. — Larg. 0 m. 65 c.

22. (F. 26) Autre paysage (pendant du précédent) :

Deux grands arbres sur le devant ; deux femmes assises par terre et un homme debout ; un lac, quelques fabriques entourées d'arbres, et des montagnes coupées par des nuages.

Toile : Haut. 1 m. — Larg. 0 m. 65 c.

23. (F. 25) Autre paysage (en hauteur) :

Différens plans très-inclinés sur le revers d'une montagne.

Toile : Haut. 0 m. 73. c. — Larg. 0 m. 60 c.

24. (F. 28) Paysage (de forme très-allongée) :

Le site paraît pris aux environs de *Grotta-Ferrata ;* on voit la plaine de Rome dans le lointain.

Toile : Haut. 0 m. 66 c. — Larg. 1 m. 86 c.

BLOEMEN, dit **STANDAERT** (**Pierre Van**), *frère du précédent, né à Anvers ; l'année de sa naissance et celle de sa mort sont inconnues.*

25. (F.[25]) Halte de cavaliers devant une Hôtellerie.

Toile : Haut. 0 m. 48 c. — Larg. 0 m. 64 c.

26. (C.) Paysage :

Trois chevaux menés à l'abreuvoir par leur conducteur. — Fond d'architecture.

Toile : Haut. 1 m. 00 c. — Larg. 0 m. 77 c.

27. (F.[37]) Paysage :

A gauche du tableau on voit un homme sur un cheval blanc.

Toile : Haut. 0 m. 49 c. — Larg. 0 m. 64 c.

28. (F.[37]) Paysage (pendant du précédent) :

Une ville dans le fond, et sur le devant un troupeau avec son conducteur.

Toile : Haut. 0 m. 49 c. — Larg. 0 m. 64 c.

29. (F.[37]) Des chiens attaquent un ours enchaîné :

Il en tient un renversé sous sa patte.

Toile : Haut. 1 m. 00 c. — Larg. 1 m. 40 c.

BOGUET (**Didier**), *né à Chantilly, établi à Rome.*

30. (F.[25]) Paysage (en hauteur) :

Un groupe de grands arbres occupe le milieu du tableau ; sur le penchant d'une colline et sur une masse de rochers, un voyageur se repose et contemple le vaste horizon qui se développe devant lui.

Toile : Haut. 1 m. 61 c. — Larg. 1 m. 12 c.

31. (F.[25]) Paysage :

Sur le devant, de grands arbres forment un berceau; dans le fond, le château de l'*Ariccia;* la mer et *Monte-Circello* terminent l'horizon : presque tout ce tableau a été peint sur la nature même.

Toile : Haut. 0 m. 68 c. — Larg. 0 m. 97 c.

32. (F.[37]) Autre paysage (en hauteur) :

De jeunes femmes parent de guirlandes de fleurs un tombeau entouré de grands cyprès.

Toile : Haut. 0 m. 98 c. — Larg. 0 m. 68 c.

—

BOLOGNESE (Giovan-Francesco **GRIMALDI**, dit le) *né en 1606, mort en 1686.* (École Bolonaise.)

33. (F.[37]) Paysage :

Un militaire à cheval, de grands arbres et une pyramide à gauche.

Toile : Haut. 0 m. 93 c. — Larg. 1 m. 33 c.

34. (F.[37]) Paysage (en hauteur) :

Une femme porte son enfant; elle a son chien auprès d'elle.

Toile : Haut. 0 m. 59 c. — Larg. 0 m. 49 c.

BORELY (Jean-Baptiste), *né à Montpellier en 1776, mort en 1823.*

35. Paysage :

Une cascade au milieu du tableau, un arbre presque

sec, une figure de femme. — Ce tableau a été donné par M. le V.te d'AZÉMAR.

Bois : Haut. 0 m. 15 c. — Larg. 0 m. 19 c.

—

BOTH (**Jean**). *On ignore l'époque de sa naissance et celle de sa mort. — Élève d'Abraham Bloemaert.* (École Flamande.) — *Son frère André peignait les figures et les animaux de ses paysages.*

36. (†) Paysage :

Sur la gauche, on voit un homme monté sur un âne et un autre paysan marchant derrière un bœuf; sur la droite, un massif d'arbres.

Bois : Haut. 0 m. 35 c. — Larg. 0 m. 47 c.

—

BOUDEWYNS (**Antoine-François**), *né à Bruxelles vers 1660 : on ignore l'époque de sa mort. — Élève de Vander-Meulen.*

37. (F.[25]) Paysage :

Les figures en grand nombre qui ornent ce tableau, sont de Pierre Bout, né à Bruxelles, vers 1660.

Bois : Haut. 0 m. 24 c. — Larg. 0 m. 29 c.

38. (F.[37]) Paysage avec une rivière :

De grands arbres et plusieurs figures sont sur le devant; trois sont à cheval. (Les figures sont de Pierre Bout.)

Bois : Haut. 0 m. 22 c. — Larg. 0 m. 29 c.

—

BOURDON (**Sébastien**), *né à Montpellier en 1616, mort à Paris en 1671. — On ignore le nom de son maître.*

39. (G.) Descente de croix :

Le Christ a le bras droit appuyé sur le genou de la Vierge. Sainte Marie-Magdeleine lui baise la main; de petits Anges montrent les plaies de ses pieds. Joseph d'Arimathie tient un linceul pour l'ensevelir; St Jean est derrière lui : dans le fond, des soldats qui s'éloignent.

Toile : Haut. 0 m. 92 c. — Larg. 1 m. 03 c.

40. (V.) Halte de Bohémiens et de Militaires.

Bois : Haut. 0 m. 37 c. — Larg. 0 m. 51 c.

41. (F.[37]) Le portrait d'un Général :

Il est debout, la main droite appuyée sur son bâton de commandement, l'autre sur le côté; ses cheveux flottent sur ses épaules couvertes d'une cuirasse; son casque orné de plumes blanches est placé derrière lui.

Toile : Haut. 1 m. 07 c. — Larg. 0 m. 88 c.

42. (F.[37]) Paysage d'une très-vaste composition :

Le fond est orné de fabriques de forme gothique : une grande cascade forme une rivière que des bœufs passent à gué : sur le devant une femme montre un tombeau à un jeune homme, et paraît lui raconter l'histoire de celui qu'il renferme. Ce tableau a été gravé par *Prou*.

Toile : Haut. 0 m. 72 c. — Larg. 0 m. 91 c.

43. (F.[25]) Paysage :

Une rivière fait aller un moulin posé sur des piliers

de bois ; le ciel est orageux ; une femme porte une cruche et passe sur un pont.

Bois : Haut. 0 m. 30 c. — Larg. 0 m. 41 c.

44 (F.[37]) L'invention du corps de Ste Thérèse. — (Esquisse.)

Toile : Haut. 0 m. 43 c. — Larg. 0 m. 34 c.

45. Portrait de Bourdon :

Il est assis et tient sur ses genoux la tête de Caracalla moulée sur l'antique. — L'original de ce portrait est au Louvre. — Cette copie, faite par M. *Ferrogio* le fils, ancien pensionnaire de la ville de Montpellier à Paris, a été envoyée par lui au Musée.

Toile : Haut. 1 m. 27 c. — Larg. 0 m. 98 c.

46. (†) Portrait d'un Espagnol.

Toile : Haut. 1 m. 05 c. — Larg. 0 m. 85 c.

—

BOUT (Pierre), *voyez* **BOUDEWYNS.**

—

BRASCASSAT *(Artiste vivant).*

47. (F.[37]) Les vaches au pâturage :

Dans une large prairie qui s'étend jusqu'à l'horizon, on voit des troupeaux au pâturage. — Au premier plan, une belle vache ; au second, un superbe taureau. Sur le devant, le garde est étendu tout du long sur l'herbe ; son chien est à son côté.

Toile : Haut. 1 m. 13 c. — Larg. 1 m. 16 c.

BREUGHEL, dit **DE VELOURS** (**Jean**), *né à Bruxelles vers 1589, mort à Anvers en 1642. — Élève de Goe-Kindt.*

48. (**F.**[37]) Paysage :

Au second plan plusieurs habitations de paysans, un canal et une digue sur laquelle passe une charrette ; beaucoup de figures sur le premier plan ; dans le lointain on s'occupe des travaux de la moisson. Le ciel est orageux ; les nuages portent de grandes ombres sur les montagnes.

Bois : Haut. 0 m. 41 c. — Larg. 0 m. 34 c.

—

CAGLIARI (**Paolo**), *voyez* **PAUL VÉRONESE.**

—

CALABRESE (**Mattia PRETI, dit IL CAVALIER**), *né à Taverna en Calabre en 1643, mort à Malte en 1699. — Élève de Lanfranc.*

49. (**G.**) Un prophète :

Il tient un livre ouvert de la main gauche, et de la droite il indique le ciel.

Toile : Haut. 0 m. 99 c. — Larg. 0 m. 78 c.

—

CAMPOVECCHIO, *né à Mantoue, mort à Rome.*

50. (**F.**[25]) Étude de paysage, peinte à Tivoli.

Toile : Haut. 0 m. 25 c. — Larg. 0 m. 29 c.

ÇARAVAGE (Michelangiolo **Amerighi** ou **Morigi**, dit **Le**), *né à Caravaggio, près Milan, en 1569, mort en 1609.*

51. (F.[37]) St Marc, évangéliste :

Il tient un livre ouvert et une plume ; il a les yeux fixés vers le ciel.

Bois : Haut. 0 m. 73 c. — Larg. 0 m. 59 c.

—

CARDI (Ludovico), *voyez* **Cigoli**.

—

CARRACHE (Annibale **Carracci**), *né à Bologne en 1560, mort à Rome en 1609.* — (École Bolonaise.)

52. (F.[37]) Le crucifiement de St Pierre.

Cuivre : Rond. 0 m. 26 c. de diamètre.

53. (F.[37]) La Vierge, les mains jointes, contemple avec douleur le corps mort de son divin Fils.

Toile : Haut. 1 m. 34 c. — Larg. 0 m. 94 c.

54. (F.[25]) St Sébastien :

Il est attaché à un tronc d'arbre et percé de plusieurs flèches. Le fond représente un paysage.

Cuivre : Haut. 0 m. 26 c. — Larg. 0 m. 19 c.

55. (F.[25]) La Vierge assise sur des nuages :

Elle tient l'Enfant Jésus : St François à genoux et les bras croisés sur la poitrine, est en adoration devant lui.

Gouache sur vélin : Haut. 0 m. 23 c. — Larg. 0 m. 18 c.

56. (**F.**[25]) **Une tête de Christ couronné d'épines.**

Bois : Haut. 0 m. 39 c. — Larg. 0 m. 30 c.

57. (**F.**[25]) **Une tête de Ste Marie-Magdeleine.**

Toile : Haut. 0 m. 51 c. — Larg. 0 m. 41 c.

58. (**F.**[25]) **Portrait d'homme :**

Il est vêtu de noir avec un collet blanc.

Toile : Haut. 0 m. 48 c. — Larg. 0 m. 38 c.

59. (**F.**[25]) **Paysage (en hauteur) :**

Un lac entouré d'arbres et un pêcheur sur son bord ; un homme et une femme sur le devant du tableau.

Toile : Haut. 0 m. 73 c. — Larg. 0 m. 60 c.

—

CARRACHE (Agostino CARRACCI), *né à Bologne en 1557, mort en 1602. Frère aîné d'Annibal et cousin de Louis.*

60. (**F.**[25]) **Descente de croix :**

Le Christ mort est appuyé sur les genoux de la Vierge évanouie et soutenue par une des saintes femmes : Saint Jean montre la plaie de la main du Sauveur à Sainte Marie-Magdeleine, qui témoigne la plus vive douleur.

Toile : Haut. 0 m. 26 c. — Larg. 0 m. 30 c.

61. (**F.**[25]) **La Vierge embrasse l'Enfant Jésus ; St Joseph les regarde :**

Le fond représente un portique à travers lequel on aperçoit des fabriques.

Bois : Haut. 0 m. 47 c. — Larg. 0 m. 36 c.

CARRACHE (**Lodovico CARRACCI**), *né à Bologne en 1555, mort en 1609. — Élève de Prospero Fontana et fondateur de l'école des Carraches.*

62. (F.[23]) Une Sainte Famille:

La Vierge est à genoux et tient un livre; un Ange enseigne à lire à l'Enfant Jésus; St Joseph témoigne son admiration. Dans le fond, un autre Ange conduit par la main le jeune St Jean-Baptiste.

Cuivre : Haut. 0 m. 21 c. — Larg. 0 m. 16 c.

63. (F.[23]) La Vierge assise sur un trône, tient l'Enfant Jésus sur ses genoux:

St Charles Borromée, un Pape et un Saint Évêque sont en adoration devant lui; un Ange tient la thiare du Pape.

Toile : Haut. 0 m. 50 c. — Larg. 0 m. 39 c.

64. (F.[25]) Le Christ au jardin des olives. — (Esquisse.)

Bois : Haut. 0 m. 17 c. — Larg. 0 m. 13 c.

—

CASTIGLIONE (**Giovan-Benedetto**), *né à Gênes en 1616, mort à Mantoue en 1670.*

65. (F.[37]) Caravane arabe:

Au milieu du tableau une femme sur un cheval blanc; un personnage coiffé d'un turban lui sert de guide. Sur le devant, des troupeaux et un grand chien qui se désaltère dans un ruisseau.

Toile : Haut. 0 m. 52 c. — Larg. 0 m. 92 c.

CASTELLAN (**Antoine-Laurent**), *né à Montpellier, mort à Paris en avril 1838.*

66. (F.[23]) Paysage :

Une grande rivière avec un pont, des fabriques sur une hauteur : un philosophe étudie en se promenant ; sur le devant, une femme est assise avec son enfant.

Toile : Haut. 0 m. 29 c. — Larg. 0 m. 39 c.

67. Paysage :

Le fond est orné de belles fabriques ; les figures représentent Psyché, qui demande à ses sœurs un asile contre la colère de Vénus. Donné par l'auteur.

Toile : Haut. 0 m. 51 c. — Larg. 0 m. 62 c.

—

CESARE DA SESTO. — *Il vivait en 1510. — Élève de Leonardo da Vinci.*

68. (F.[25]) Le Sauveur du monde :

Le Christ tient un globe de verre surmonté d'une croix d'or ; il lui donne la bénédiction : on voit derrière lui les têtes de St Pierre, de St Jean et de deux autres Apôtres.

Toile : Haut. 0 m. 62 c. — Larg. 0 m. 48 c.

—

CHAMPAIGNE (**Philippe de**), *né à Bruxelles en 1602, mort à Paris en 1674. — Élève de Fouquières.*

69. (F.[37]) Une tête de vieillard chauve :

Toile : Ovale. Haut. 0 m. 42 c. — Larg. 0 m. 38 c.

CHAMPMARTIN (*Artiste vivant*).

70. (**G.**) Portrait en pied du *Baron Portal*, premier médecin-consultant de Louis XVIII.

Toile : Haut. 2 m. 20 c. — Larg. 1 m. 46 c.

—

CHASSELAT (**Pierre**), *Peintre en miniature, élève de Vien, mort à Paris en 1814.*

71. (**V.**) Miniature représentant une femme sortant du bain.

Ovale sous verre : Haut. 0 m. 11 c. — Larg. 0 m. 09 c.

—

CHAUVIN, *peintre de paysage. — Élève de Valenciennes.*

72. (**F.**[25]) Vue prise des environs de Naples; on voit le Vésuve dans le fond :

Un berger conduit ses troupeaux. Une femme porte un panier sur sa tête et deux jeunes filles dansent sous de grands pins, au son d'un flageolet et d'un tambour de basque; un paysan les regarde danser.

Toile : Haut. 0 m. 43 c. — Larg. 0 m. 58 c.

—

CIGOLI (**Lodovico Cardi da**), *né en 1559, mort en 1613. — Élève d'Alessandro Allori.* (**École Florentine.**)

73. (**F.**[25]) Ecce homo.

Le Christ enchaîné présenté au peuple par Pilate. Un bourreau coiffé d'un chapeau rouge, le couvre par dérision, d'un manteau de pourpre. Ce tableau est une répétition de celui qui existe à Florence dans le palais *Pitti*.

Toile : Haut. 1 m. 83 c. — Larg. 1 m. 45 c.

74. (**F.**[37]) La fuite en Égypte :

La Ste Vierge, montée sur un âne, donne le sein à l'Enfant Jésus. Elle est précédée par un Ange et suivie par St Joseph.

Cuivre : Haut. 0 m. 49 c. — Larg. 0 m. 35 c.

75. (**F.**[25]) St François recevant les stigmates.

Bois : Haut. 0 m. 30 c. — Larg. 0 m. 23 c.

—

CORRÈGE (Antonio ALLEGRI ou LIETO, dit le) *né à Corregio, dans le Modenais, en 1494, mort en 1534.*

76. (**F.**[25]) Le Christ au jardin des olives. (Copie d'auteur inconnu.)

Bois : Haut. 0 m. 42 c. — Larg. 0 m. 30 c.

—

COURTOIS, dit le BOURGUIGNON (Jacques), *né à St.-Hippolyte, en Franche-Comté, en 1621, mort à Rome en 1676. — Élève de Jérôme, peintre Lorrain.*

77. (**F.**[25]) Une marche de cavalerie.

Toile : Haut. 0 m. 32 c. — Larg. 0 m. 23 c.

—

COUSTOU (Jean), *né à Montpellier en 1719, mort en 1791. — Élève de Restout.*

78. Les trois Patrons de la confrérie des Penitens bleus de Montpellier :

Esquisse d'un grand tableau représentant les trois principaux Patrons de cette confrérie, érigée sous l'invocation de Notre-Dame-du-Charnier, — Bassin St Claude, — Charité St Barthélemi. — Ce tableau a été donné par M. l'abbé Coustou, vicaire-général, fils de l'auteur.

Toile : Haut. 0 m. 71 c. — Larg. 0 m. 55 c.

79. Une jeune négresse tenant un enfant :

Elle lui montre un perroquet auquel il donne des cerises. — Ce tableau a été donné par feu M. Philippe Coustou, négociant et ancien président du tribunal de commerce, fils de l'auteur.

Toile : Haut. 0 m. 54 c. — Larg. 0 m. 68 c.

—

COYPEL (**Antoine**), *né à Paris en 1661, mort en 1722. — Fils et élève de Noël Coypel.*

80. (G.) Énée sauve son père Anchise et ses Dieux pénates, de l'embrasement de Troie :

Sa femme Créuse regarde avec effroi la destruction de sa patrie, et son fils Ascagne témoigne son impatience de fuir.

Toile : Haut. 3 m. 87 c. — Larg. 1 m. 90 c.

—

81. (G.) Didon meurt sur le bûcher ; Iris détache le cheveu qui la retient à la vie :

Didon, couchée sur le bûcher qu'elle a préparé elle-même, vient de se percer le sein : elle a placé sur ce bûcher les armes et le portrait d'Énée; Anne, sa sœur, plongée dans la plus vive douleur, baise sa main avec tendresse. — Iris, la messagère de Junon, détache le cheveu fatal qui la retient encore à la vie. — Ce tableau et le précédent faisaient partie de la galerie que *Coypel* peignit, au Palais-Royal, pour le Duc d'Orléans.

Toile : Haut. 3 m. 87 c. — Larg. 1 m. 90 c.

82. (**G.**) Louis XIV se repose dans le sein de la gloire après la paix de Nimègue.

Tableau de réception de l'auteur à l'Académie, en 1681.

Toile : Haut. 1 m. 51 c. — Larg. 1 m. 83 c.

—

CUYP (**Albert**), *né à Dort en 1606 ; l'époque de sa mort est inconnue. — Élève de son père.*

83. (**V.**) Une vue des bords de la Meuse :

Sur une large nappe d'eau qui s'étend jusqu'à l'horizon, une multitude de barques naviguent en tous sens. — A droite, dans un marais, d'où s'élèvent les murailles ruinées d'une forteresse, des vaches se reposent ou paissent en liberté. — Au-delà de ce marais, deux voiles enflées par une légère brise vont doubler et passer derrière le château fort.

Bois : Haut. 0 m. 53 c. — Larg. 0 m. 83 c.

—

DANDRÉ-BARDON (**Michel-François**), *né à Aix, en Provence, en 1700, mort à Paris en 1783.*

84. (**G.**) Tullie, pressée d'arriver au Capitole

pour voir couronner son époux, fait passer son char sur le corps de son père.

Tableau de réception de l'auteur à l'Académie de peinture de Paris.

Toile : Haut. 1 m. 29 c. — Larg. 1 m. 61 c.

—

DANIEL DE VOLTERRE (**Daniele RICCIARELLI da VOLTERRA**), *né en 1509, mort à Rome en 1566. — Élève de Sodoma, de Balthazar Peruzzi, et enfin de Michel-Ange.* (École Florentine.)

85. (**F.**[25]) La décollation de St Jean-Baptiste :

Un bourreau, à face stupide, rit en ramassant la tête de St Jean-Baptiste, qui est étendu à ses pieds ; dans le fond, Salomé, fille d'Hérodias, qu'on aperçoit derrière les barreaux de la prison, tient un bassin pour recevoir la tête de St Jean.

Bois : Haut. 0 m. 69 c. — Larg. 1 m. 56 c.

—

DANVIN *(Artiste vivant)*.

86. (**G.**) Vue des bords de la Seine sous le château Gaillard aux Andelys, lieu de la naissance de Nicolas Poussin.

Toile : Haut. 0 m. 64 c. — Larg. 1 m. 06 c.

—

DAVID (**Jacques-Louis**), *né à Paris en 1748, mort à Bruxelles en 1825. — Élève de J.-M. Vien.*

87. (**F.**[25]) Tête de jeune homme. (Étude.)

Toile : Haut. 0 m. 42 c. — Larg. 0 m. 34 c.

88. (†) Portrait d'*Alphonse Leroy*, son médecin.

Toile : Haut. 0 m. 72 c. — Larg. 0 m. 91 c.

89. (C.) Portrait de M. *de Joubert*. (Ébauche.)

Toile : Haut. 1 m. 26 c. — Larg. 0 m. 95 c.

—

DEMARNE (**Jean-Louis**), *né à Bruxelles le 7 mars 1744, mort à Paris en 1829. — Élève de Briard; d'autres disent de Nicasius, peintre flamand.*

90. (C.) Paysage. — (L'éducation de Bacchus.)

Des Nymphes et Bacchus enfant se baignent dans les ondes transparentes d'un ruisseau. — Plus loin sur une verte prairie, des Bacchantes, se tenant en rond par la main, se livrent avec ardeur au plaisir de la danse. — A gauche l'on voit un massif de rochers d'où tombe une cascade. — Sur le devant paissent une vache et des chèvres.

Toile : Haut. 0 m. 45 c. — Larg. 0 m. 64 c.

91. (V.) Un canal, barques, passagers et animaux.

Toile : Haut. 0 m. 48 c. — Larg. 0 m. 60 c.

92. (V.) Paysage :

Un voyageur monté sur un cheval blanc est arrêté devant une hôtellerie; il paie à l'hôtesse un verre de vin qu'il va boire ; plusieurs figures et animaux ornent le premier plan.

Toile : Haut. 0 m. 31 c. — Larg. 0 m. 39 c.

93. (V.) Le retour du marché.

Médaillon, forme ronde : 0 m. 09 c. de diamètre.

94. (V.) La Fermière.

Médaillon, forme ronde : 0 m. 09 c. de diamètre.

—

DEMOULIN (**Jérôme-René**), *né à Montpellier en 1758, mort à Augusta, en Sicile, en 1799.*

95. Paysage :

Le site est pris dans les environs de *Subiacco*, dans les États du Pape. Des peupliers bordent une rivière dont le cours est très-rapide ; de grandes et belles montagnes bornent l'horizon; sur le devant, deux jeunes bergers paraissent se défier à la flûte. — Ce tableau a été donné par M. Antoine Demoulin, architecte de Montpellier, frère de l'auteur.

Toile : Haut. 0 m. 73 c. — Larg. 0 m. 96 c.

—

DENIS (**Simon - Joseph - Alexandre - Clément**), *né en Flandres en 1755, mort à Naples en 1813.*

96. (F.[25]) Vue prise de *Civita-Castellana*, dans les États du Pape :

Des bœufs s'abreuvent dans un torrent.

Toile : Haut. 0 m. 46 c. — Larg. 0 m. 38 c.

—

DESHAYES (**Jean-Baptiste**), *né à Rouen en 1729, mort à Paris en 1765. — Élève de Colin de Vermont, ensuite de François Boucher.*

97. (G.) Le corps d'Hector sur lequel Vénus

répand des fleurs pour le garantir de la corruption.

C'est sur ce tableau que *Deshayes* a été reçu membre de l'Académie en 1758.

Toile : Haut. 2 m. 44 c. — Larg. 1 m. 80 c.

—

DESMARAIS (**Frédéric**), *né à Paris, mort à Carrare.*

98. (**F.**[25]) Horace tue sa sœur.

Esquisse du tableau qui remporta le prix de peinture à Paris en 1785.

Toile : Haut. 0 m. 32 c. — Larg. 0 m. 40 c.

99. (**F.**[25]) Briséis enlevée à Achille. (Esquisse.)

Toile : Haut. 0 m. 23 c. — Larg. 0 m. 31 c.

100. (**F.**[25]) La mort de Lucrèce. (Esquisse.)

Toile : Haut. 0 m. 25 c. — Larg. 0 m. 32 c.

101. (**F.**[25]) La Ste Vierge enlevée au ciel à la vue des Apôtres. — (Esquisse.)

Toile : Haut. 0 m. 49 c. — Larg. 0 m. 36 c.

—

DIETRICH ou **DIETRICI** (**Christian-Guillaume-Ernest**), *né à Weimar en 1712, mort à Dresde en 1774. — Élève d'Alexandre Thiele.* (École Allemande.)

102. (**F.**[25]) Le couronnement d'épines :

Un soldat, armé de gantelets de fer, enfonce une

couronne d'épines sur le front de J.-C. ; un autre lui présente un roseau : un des bourreaux est prêt à le frapper au visage ; d'autres éclatent de rire en le voyant accablé de tant de douleurs et d'humiliations.

Bois : Haut. 0 m. 31 c. — Larg. 0 m. 24 c.

103. (**F.**[25]) Paysage et rochers :

Un ermite se repose à l'entrée d'une grotte.

Bois : Haut. 0 m. 23 c. — Larg. 0 m. 18 c.

104. (**F.**[25]) Autre paysage (pendant du précédent) :

Il représente aussi l'entrée d'une grotte avec deux ermites.

Bois : Haut. 0 m. 23 c. — Larg. 0 m. 18 c.

105. (**V.**) Le Temple de la Sybille à Tivoli.

Bois : Haut. 0 m. 36 c. — Larg. 0 m. 27 c.

106. (**V.**) Les Cascatelles de Tivoli :

Des chasseurs font la guerre aux mouettes.

Bois : Haut. 0 m. 36 c. — Larg. 0 m. 27 c.

—

DOLCI (**Carlo ou Carlino**), *né à Florence en 1616, mort en 1686. — Élève de Jacopo Vignali.* (École Florentine.)

107. (**F.**[25]) La Vierge au Lys :

La Vierge s'incline devant l'Enfant Jésus qu'elle soutient de la main droite ; de la gauche elle lui présente un bouquet de lys et d'œillets : son divin fils lui donne une rose. Une corbeille remplie de différentes fleurs est placée sur le devant. Ce tableau est signé *Carolus Dolcius fac : 1642.*

Toile, ovale : Haut. 0 m. 79 c. — Larg. 0 m. 65 c.

108. (F.[25]) Le Sauveur du monde :

Il est rayonnant de lumière ; il bénit le globe terrestre qu'il tient dans sa main.

Toile : Haut. 0 m. 57 c. — Larg. 0 m. 44 c.

109. (F.[25]) St Antoine, abbé :

Il tient un livre et une sonnette. Le fond représente un paysage.

Bois, ovale : Haut. 0 m. 22 c. — Larg. 0 m. 16 c.

110. (F.[25]) St Antoine, abbé, en oraison :

Il a les mains jointes, et il regarde le ciel avec ferveur.

Toile : Haut. 0 m. 70 c. — Larg. 0 m. 55 c.

111. (F.[25]) Ste Thérèse.

Bois : Haut. 0 m. 11 c. — Larg. 0 m. 10 c.

—

DOMINIQUIN (Domenico ZAMPIERI, dit le) *né à Bologne en 1582, mort en 1641. — Élève de Denis Calvart et des Carrache.* (École Bolonaise.)

112. (F.[25]) Paysage : Jésus-Christ suivi par la multitude, va prêcher sur la montagne.

On voit plus loin un fleuve et la ville de Capharnaüm.

Toile : Haut. 0 m. 51 c. — Larg. 0 m. 65 c.

113. (**F.**[25]) Ste Agnès :

Elle est debout et tient un livre de la main droite; de l'autre elle caresse un agneau posé sur un autel antique ; ses yeux sont tournés vers le ciel. — Fond de paysage.

Cuivre : Haut. 0 m. 22 c. — Larg. 0 m. 17 c.

114. (**F.**[25]) Portrait d'un jeune homme :

Il est vêtu de noir avec une toque de même couleur sur la tête ; il tient un livre et ses mains sont recouvertes de gants.

Ardoise : Haut. 0 m. 23 c. — Larg. 0 m. 17 c.

115. (**G.**) Le roi David chante les louanges du Seigneur et s'accompagne sur la harpe :

Un Ange tient un livre ouvert devant lui, tandis qu'un autre transcrit ce qu'il improvise. — L'original existe au Musée Royal. On ignore le nom de l'auteur de cette copie.

Toile : Haut. 2 m. 47 c. — Larg. 1 m. 51 c.

—

DOW (**Gérard**), *né à Leyde en 1613, mort en 1680. — Élève de Rembrandt.* (École Hollandaise.)

116. (**V.**) La Souricière :

Dans une cuisine hollandaise, une ménagère ratisse des racines de carotte sur le fond d'un tonneau. — Elle regarde un petit garçon qui lui montre une souris prise dans une souricière.

Sur une volière en planches, on voit une cruche en cuivre et un beau chou ; à droite un superbe coq est attaché par la patte à la muraille; divers ustensiles sont disséminés dans la cuisine.

Bois : Haut. 0 m. 46 c. — Larg. 0 m. 35 c.

117. L'Arracheur de dents :

Le tableau original est au Musée Royal. — Cette copie a été faite par M. MATET, conservateur du Musée-Fabre.

Toile : Haut. 0 m. 31 c. — Larg. 0 m. 25 c.

—

DUCQ (**Le**), *né à la Haye en 1636, mort en 1671. — Élève de Paul Potter.* (École Hollandaise.)

118. (F.[37]) Un Paysage avec des bœufs, un chien et autres animaux.

Toile : Haut. 0 m. 46 c. — Larg. 0 m. 62 c.

—

DUGHET, *voyez* **GASPRE-POUSSIN**.

—

DUJARDIN (**Karel ou Carle**), *né à Amsterdam en 1640, mort à Venise en 1673. — Élève de Berghem.*

119. (V.) Paysans et leurs ânes à la porte d'une hôtellerie :

Devant la porte de la cour, l'on voit le maître du logis tenant une bouteille; il vient de verser à boire à un paysan arrêté, avec son compagnon de voyage, à l'ombre de l'hôtellerie. — Ce paysan monté sur sa bête élève en l'air un verre rempli de vin, et regarde aux rayons du soleil la couleur purpurine et transparente de la liqueur. — Son compagnon arrange le bât de sa bourrique. — Plus loin, sous une treille, des voyageurs prennent un frugal repas.

Bois : Haut. 0 m. 32 c. — Larg. 0 m. 39 c.

—

DULIN (**Pierre**), *né à Paris en 1670, mort en 1748. — Élève de Bon Boullongne.*

120. (G.) Jésus-Christ opère plusieurs miracles au bord de la mer.

Toile : Haut. 1 m. 29 c. — Larg. 1 m. 61 c.

—

DYCK (**Antoine Van**), *né à Anvers en 1599, mort à Londres en 1641. — Élève de Rubens.* (École Flamande.)

121. (F.[25]) La Vierge tient l'Enfant Jésus debout sur ses genoux :

Ste Marie-Magdeleine, le roi David et Adam le contemplent avec ravissement.

Toile : Haut. 1 m. 14 c. — Larg. 1 m. 45 c.

122. (F.[25]) La Vierge et l'Enfant Jésus endormi sur ses genoux.

Cuivre : Haut. 0 m. 21 c. — Larg. 0 m. 16 c.

123. (F.[25]) Une main tenant la garde d'une épée :

Seul reste d'un beau portrait détruit dans un incendie.

Toile collée sur bois : Haut. 0 m. 25 c. — Larg. 0 m. 19 c.

ÉCOLES FLAMANDE ET HOLLANDAISE.

124. (†) Méléagre tue le sanglier de Calydon; Atalante lui porte le premier coup.

Dans l'inventaire de la Mairie, ce tableau est attribué à *Suppensau*; on n'a trouvé ce nom dans aucune biographie.

Toile : Haut. 1 m. 59 c. — Larg. 2 m. 24 c.

125. (†) L'intérieur d'une taverne.

Toile : Haut. 0 m. 68 c. — Larg. 0 m. 57 c.

126. (†) Paysage avec différens animaux.

Toile : Haut. 0 m. 41 c. — Larg. 0 m. 59 c.

127. (†) Paysage :

L'on y voit une riche architecture et un grand nombre de figures, dont quelques-unes à cheval.

Toile : Haut. 0 m. 55 c. — Larg. 0 m. 80 c.

128. Des marchands présentent à un vieillard des bijoux, des vases d'or et d'argent, et autres objets curieux.

Donné par M. VIALLARS aîné.

Haut. 0 m. 42 c. — Larg. 0 m. 62.

—

ÉCOLE FRANÇAISE.

129. (†) Paysage.

Toile : Haut. 0 m. 71 c. — Larg. 0 m. 90 c.

130. (†) Autre Paysage (pendant du précédent).

Toile : Haut. 0 m. 71 c. — Larg. 0 m. 89 c.

ÉCOLE ITALIENNE.

131. (**F.**[25]) **Paysage :**

Des vaches et autres animaux au pâturage.

Toile : Haut. 0 m. 66 c. — Larg. 0 m. 85 c.

132. (**F.**[37]) **Jésus-Christ apparaît à Ste Marie-Magdeleine sous la forme d'un jardinier.**

Toile : Haut. 0 m. 85 c. — Larg. 1 m. 05 c.

133. (**G.**) **Moyse reçoit les tables de la loi sur le Mont Sinaï :**

Aaron remercie le ciel pour le bienfait de la manne qu'il envoie au peuple d'Israël.

Toile : Haut. 1 m. 24 c. — Larg. 2 m. 70 c.

134. (†) **Trois Anges donnent la communion à Ste Marie Égyptienne.**

Bois : Haut. 0 m. 80 c. — Larg. 0 m. 64 c.

135. (**F.**[37]) **Portrait d'un vieillard.**

Toile : Haut. 0 m. 60 c. — Larg. 0 m. 49 c.

136. (†) **Portrait d'un moine.**

Cuivre : Haut. 0 m. 21 c. – Larg. 0 m. 16 c.

—

ELSHEIMER (**Adam**), *né à Francfort en 1574, mort à Rome en 1620. — Élève de Philippe Offenbach.*

137. (**F.**[25]) **St Laurent avec ses habits de diacre :**

Il tient de la main gauche le gril, instrument de

son martyre, et de l'autre, une palme. Le fond représente un paysage.

Nota. Descamps cite ce petit tableau avec le plus grand éloge dans la vie de ce peintre.

Bois : Haut. 0 m. 09 c. — Larg. 0 m. 07 c.

—

ESPAGNOLET (**Jusepe de Ribera, dit L'**), *né à Xativa, près de Valence, en 1588, mort à Naples en 1656.* (École Espagnole.)

138. (F.[37]) Ste Marie Égyptienne :

Elle prie debout, les mains jointes, le regard vers le ciel et à demi-nue. Au-devant d'elle, sur une pierre, on voit une tête de mort et un morceau de pain. — Ce tableau, qui a été gravé, est signé *Jusepe de Ribera Español. f.* 1641.

Toile : Haut. 1 m. 31 c. — Larg. 1 m. 04 c.

139. (F.[37]) Une tête d'apôtre.

Toile : Haut. 0 m. 39 c. — Larg. 0 m. 31 c.

—

FABRE (**François-Xavier-Pascal**) *né, à Montpellier, le 1er avril 1776 ; mort dans la même ville, le 16 mars 1837. — Élève, d'abord de Jean Coustou, ensuite de Louis David. — C'est l'illustre* Fondateur *du Musée.*

140. (F.[25]) Abel expirant :

Il est mortellement blessé à la tête, et renversé au pied de l'autel sur lequel il offrait à Dieu les prémices de ses troupeaux : on voit plus loin le sacrifice de son frère Caïn, dont la fumée est repoussée vers la terre, parce qu'il n'était pas agréable au Seigneur.

Toile: Haut. 1 m. 44 c. — Larg. 1 m. 96 c.

141. (†) Une Sainte Famille :

La Vierge assise tient l'Enfant Jésus debout devant elle : St Jean-Baptiste à genoux reçoit avec respect la divine mission de préparer les voies du Seigneur; St Joseph debout contemple cette scène mystérieuse. Le fond représente un paysage orné d'architecture.

Toile : Haut. 2 m. 24 c. — Larg. 1 m. 60 c.

142. (F.[25]) Saül agité par ses remords croit voir l'ombre du grand prêtre Achimelech qu'il a fait périr :

Achimelech montre sa blessure et prédit à Saül qu'il mourra bientôt, non de la main de l'ennemi, mais de sa propre épée. — Saül veut éviter ce fantôme, et au même instant une main terrible, armée d'une épée flamboyante, le saisit par ses cheveux blancs, c'est celle de Samuel qui lui prédit à son tour la perte du trône et l'extermination de sa race. — Michol, sa fille, cherche à calmer ses terreurs. — Le fond représente le camp des Israélites attaqué par les Philistins à la pointe du jour. Abner vient annoncer à Saül la déroute de l'armée et la mort de ses enfans. On aperçoit dans le lointain Nob, l'asile des prêtres, incendié par son ordre. — Le sujet est tiré du cinquième acte de la tragédie de Saül, de *Vittorio Alfieri da Asti.*

Toile : Haut. 1 m. 51 c. — Larg. 2 m. 14 c.

143. (F.[25]) Paysage :

Les figures représentent la mort de Narcisse ; il vient d'expirer au bord de la fontaine, où il admirait son image ; il tient encore une couronne de myrte dont il cherchait à la parer. Son chien pousse des hurlemens de douleurs : les Nymphes, ses sœurs, pleurent autour de lui. Une d'elles montre les nouvelles fleurs qui viennent de naître de son corps, etc.

Toile : Haut. 1 m. 18 c. — Larg. 1 m. 66 c.

144. (**F.**[37]) **Paysage :**

Œdipe, accompagné de sa fille Antigone, s'est réfugié dans l'enceinte du bois sacré des Euménides, dont on voit le temple dans le fond ; les habitans de Colone cherchent à l'en faire sortir par menaces et par prières.

Toile : Haut. 1 m. 29 c. — Larg. 1 m. 94 c.

145. (**F.**[25]) **St Jérôme en oraison :**

Demi-figure plus grande que nature.

Toile : Haut. 1 m. 10 c. — Larg. 1 m. 42 c.

146. (**F.**[25]) **St Sébastien :**

Il est attaché à un arbre ; son bras est déjà percé d'une flèche. — (Figure académique.)

Toile : Haut. 1 m. 96 c. — Larg. 1 m. 47 c.

147. (**F.**[25]) **Soldat romain en repos.**

(Autre figure académique.)

Toile : Haut. 1 m. 84 c. — Larg. 1 m. 44 c.

148. (**F.**[25]) **Portrait du célèbre sculpteur *Antonio Canova*.**

Toile : Haut. 0 m. 91 c. — Larg. 0 m. 70 c.

149. (**F.**[25]) **Portrait de Lady ***, sous la forme de Psyché :**

Elle pose la main sur son cœur.

Toile, ovale : Haut. 0 m. 57 c. — Larg. 0 m. 44 c.

150. (**F.**[25]) Une tête de St Jean-Baptiste.

Toile, ovale : Haut. 0 m. 61 c. — Larg. 0 m. 48 c.

151. (**F.**[25]) Une tête d'Apôtre.

Toile : Haut. 0 m. 67 c. — Larg. 0 m. 50 c.

152. (**F.**[25]) Une tête de Vieillard à barbe blanche.

Toile : Haut. 0 m. 57 c. — Larg. 0 m. 44 c.

153. (**F.**[25]) Étude de paysage :

Peinte aux bains de Lucques.

Papier : Haut. 0 m. 26 c. — Larg. 0 m. 34 c.

154. (**F.**[25]) Portrait d'un Chien danois.

Toile : Haut. 0 m. 65 c. — Larg. 0 m. 78 c.

155. (**F.**[25]) Étude de Lion :

Il est couché dans une grotte.

Toile : Haut. 0 m. 98 c. — Larg. 1 m. 31 c.

156. (**F.**[25]) Tête du même Lion :

Étude de grandeur naturelle.

Toile : Haut. 0 m. 72 c. — Larg. 0 m. 96 c.

157. (**F.**[25]) Nabuchodonosor fait tuer les fils de Sédécias, sous les yeux de leur père :

Après ce cruel spectacle, il lui fait crever les yeux avec une épée rougie au feu. — C'est l'esquisse du tableau qui remporta le grand prix de peinture, en 1787.

Toile : Haut. 0 m. 44 c. — Larg. 0 m. 54 c.

4*

158. (F.[25]) La Prédication de St Jean-Baptiste dans le désert. — (Esquisse.)

Toile : Haut. 0 m. 30 c. — Larg. 0 m. 16 c.

159. (F.[25]) De jeunes enfans dérobent le vin d'une Bacchante endormie. — (Esquisse.)

Bois : Haut. 0 m. 18 c. — Larg. 0 m. 25 c.

160. (F.[25]) La Paix :

Elle tient une palme et une corne d'abondance. — (Esquisse.)

Bois : Haut. 0 m. 19 c. — Larg. 0 m. 13 c.

161. (F.[25]) Léandre retiré des eaux :

Héro se précipite dans la mer du haut d'une tour qu'on aperçoit dans le fond. — (Esquisse)

Toile : Haut. 0 m. 29 c. — Larg. 0 m. 38 c.

162. (F.[25]) Portrait de *Vittorio Alfieri da Asti* :

Peint en 1803, six mois avant sa mort.

Toile : Haut. 0 m. 40 c. — Larg. 0 m. 31 c.

163. (F.[25]) Tête de Joseph d'Arimathie. — (Étude.)

Toile : Haut. 0 m. 56 c. — Larg. 0 m. 44 c.

164. (F.[25]) Portrait de *Francesco Fornacciari*, ermite au *Paradisino de Vallombrosa*, en Toscane.

Toile : Haut. 0 m. 49 c. — Larg. 0 m. 36 c.

165. (F.[25]) Un Hibou (grand duc). — (Étude.)

Toile : Haut. 0 m. 36 c. — Larg. 0 m. 50 c.

166. (**F.**[25]) **Un Vieillard. — (Étude.)**

Il a les mains jointes.

Toile : Haut. 0 m. 48 c. — Larg. 0 m. 37 c.

167. (**F.**[25]) **La Prédication de St Jean dans le désert.**

Esquisse dont la composition est différente de celle indiquée sous le N° 158.

Toile : Haut. 0 m. 57 c. — Larg. 0 m. 31 c.

168. (**F.**[25]) **Le Christ descendu de la croix. — (Esquisse.)**

Toile : Haut. 0 m. 41 c. — Larg. 0 m. 31 c.

169. (**F.**[25]) **Les trois Marie au tombeau de Jésus-Christ :**

L'Ange resplendissant de lumière leur annonce que celui qu'elles cherchent est ressuscité. — (Esquisse.)

Toile : Haut. 0 m. 34 c. — Larg. 0 m. 26 c.

170. (**F.**[25]) **Jésus-Christ qui bénit les enfans. — (Esquisse.)**

Toile : Haut. 0 m. 32 c. — Larg. 0 m. 24. c.

171. (**F.**[25]) **Jésus-Christ qui bénit les enfans.**

Toile : Haut. 0 m. 27 c. — Larg. 0 m. 20 c.

172. (**F.**[25]) **Portrait de *Vittorio Alfieri*.**

Toile, forme ovale : Haut. 0 m. 30 c. — Larg. 0 m. 23 c.

173. (**F.**[25]) **Portrait de la *Comtesse d'Albani*.**

Toile, forme ovale : Haut. 0 m. 30 c. — Larg. 0 m. 23 c.

174. (F.[15]) Portrait de Louis XVIII.

Toile, forme ronde : 0 m. 31 c. de diamètre.

175. (F.[25]) Portrait de M. *Joseph Fabre*, père du Fondateur du Musée.

Toile, forme ovale : Haut. 0 m. 65 c. — Larg. 0 m. 51 c.

176. (F.[26]) Portrait de M. *Henri Fabre*, frère du Fondateur du Musée.

Toile : Haut. 0 m. 93 c. — Larg. 0 m. 73 c.

177. (F.[23]) Ariadne à l'entrée du labyrinthe.

Toile : Haut. 0 m. 16 c. — Larg. 0 m. 21 c.

178. (F.[37]) Portrait de l'illustre *François-Xavier* FABRE, Fondateur du Musée.

Toile : Haut. 0 m. 72 c. — Larg. 0 m. 58 c.

—

FORBIN (**Le Comte DE**), *ancien Directeur du Musée Royal à Paris, né en 1779 à la Roque (Bouches-du-Rhône). — Élève de Boissieu, peintre Lyonnais, et de Louis David.*

179. (V.) Intérieur d'un Cloître.

Bois : Haut. 0 m. 52 c. — Larg. 0 m. 71 c.

—

FOSSE (**Charles DE LA**), *né à Paris en 1640, mort en 1716. — Élève de Le Brun.*

180. (†) Un Philosophe fut tellement épris des

charmes de sa maîtresse, que, par caprice, elle le contraignit à lui servir de monture :

Elle est assise sur lui comme sur un cheval et le menace de son fouet. — Une de ses suivantes éclaire avec un flambeau cette scène comique.

Toile : Haut. 0 m. 80 c. — Larg. 0 m. 95 c.

—

FRA BARTOLOMMEO DELLA PORTA ou **IL FRATE**, nommé d'abord **BACCIO DELLA PORTA**, *né à Savignano, près Florence, en 1469, mort en 1517. — Élève de Cosimo Rosselli.* (École Florentine.)

181. (F.[25]) Une Sainte Famille :

La Vierge assise par terre soutient l'Enfant Jésus qui embrasse St Jean-Baptiste. St Joseph tient un bâton et porte sa main droite sur sa poitrine. — Fond de paysage.

Toile : Haut. 0 m. 38 c. — Larg. 0 m. 33 c.

—

FRANCISQUE, *voyez* **MILÉ**.

—

FRANCESCHINI, dit **IL VOLTERRANO** (**Baldassare**), *né à Volterre en 1611, mort en 1689. — Élève de Matteo Rosselli.* (École Florentine.)

182. (F.[37]) Le Père Éternel dans sa gloire, soutenu par un groupe d'Anges.

Toile : Haut. 0 m. 96 c. — Larg. 0 m. 66 c.

GAGNERAUX (**Bénigne**), *né à Dijon en 1756, mort à Florence en 1795.* — *Élève de François Devosge.*

183. (F.[25]) Un choc de Cavalerie.

Toile : Haut. 0 m. 38 c. — Larg. 0 m. 48 c.

184. (F.[25]) Un Paysage :

Groupe d'arbres sous lesquels un Moine vêtu de blanc est occupé à lire.

Toile : Haut. 0 m. 41 c. — Larg. 0 m. 32 c.

—

GAMELIN (**Jacques**), *né à Carcassonne, mort à Narbonne en 1804.*

185. Un buveur au milieu de sa famille.

Ce tableau a été donné par M. Renouvier, ancien député de l'Hérault.

Bois : Haut. 0 m. 26 c. — Larg. 0 m. 36 c.

—

GAROFALO (**Benvenuto Tisio Da**), *né en 1481, mort en 1559.* (École Ferraraise.)

186. (F.[25]) St Sébastien :

St Sébastien percé de flèches est attaché à une colonne au milieu d'une foule de spectateurs ; l'Éternel entouré d'Anges lui apparaît dans les nuages.

Bois : Haut. 0 m. 37 c. — Larg. 0 m. 28 c.

—

GASPRE (**Gaspero Dughet**), *né à Rome en 1618, mort dans la même ville en 1675.* —

Élève de Nicolas Poussin, qui avait épousé sa sœur; il prit le nom de son beau-frère, et se fit appeler Gaspard Poussin. (École Romaine.)

187. (**F.**[25]) Paysage :

Sur le devant un large chemin qui longe une rivière; un personnage distingué, suivi de deux lévriers, donne l'aumône à un pauvre couché par terre : on voit dans le fond de riches fabriques.

Toile : Haut. 0 m. 96 c. — Larg. 1 m. 34 c.

188. (**F.**[25]) Paysage :

Une rivière au milieu du tableau : on aperçoit plus loin des fabriques et des montagnes. De grands arbres à gauche; sur le devant un chemin au bord duquel un voyageur se repose.

Toile : Haut. 0 m. 51 c. — Larg. 0 m. 66 c.

189. (**F.**[25]) Paysage (Apollon et Daphné) :

Paysage très-boisé, grandes montagnes dans le fond : Apollon poursuit Daphné dont les bras commencent à se métamorphoser en lauriers; l'Amour la poursuit de ses flèches.

Toile : Haut. 0 m. 93 c. — Larg. 1 m. 35 c.

190. (**F.**[25]) Paysage :

Une grande rivière vue de face et formant cascade; deux figures sur le second plan.

Toile : Haut. 0 m. 60 c. — Larg. 0 m. 74 c.

191. (**F.**[25]) Paysage :

Un lac entouré de rochers occupe le milieu du tableau; sur le devant trois figures, dont une est debout.

Toile : Haut. 0 m. 49 c — Larg. 0 m. 64 c.

192. (**F.**[25]) **Paysage :**

Un Moine vêtu de blanc tenant un livre.

Toile : Haut. 0 m. 27 c. — Larg. 0 m. 40 c.

193. (**F.**[25]) **Paysage :**

Deux figures sont assises sur un tronc d'arbre; un lac dans le milieu du tableau. — (Effet de crépuscule.)

Toile : Haut. 0 m. 51 c. — Larg. 0 m. 82 c.

194. (**F.**[25]) **Paysage (pendant du précédent) :**

Deux Bergers conduisent leurs troupeaux.

Toile : Haut. 0 m. 51 c. — Larg. 0 m. 83 c.

195. (**F.**[25]) **Paysage en hauteur :**

Un paysan conduisant un cheval blanc, voyage avec une femme qui porte un vase sur la tête ; troupeau de moutons, etc.

Toile : Haut. 0 m. 60 c. — Larg. 0 m. 49 c.

196. (**F.**[25]) **Paysage (pendant du précédent) :**

Vue du temple de la Sibylle à Tivoli.

Toile : Haut. 0 m. 60 c. — Larg. 0 m. 49 c.

197. (**F.**[25]) **Paysage :**

Un Berger, couché par terre, garde ses bœufs.

Toile : Haut. 0 m. 31 c. — Larg. 0 m. 41 c.

198. (**F.**[25]) **Paysage :**

Sur le bord d'une rivière un jeune homme appelle un batelier qui s'éloigne du rivage. — L'original est à Rome dans l'Académie de St-Luc. — (Copie.)

Toile : Haut. 0 m. 29 c. — Larg. 0 m. 36 c.

199. (F.[25]) Paysage. — (Copie.)

Toile : Haut. 0 m. 64 c. — Larg. 0 m. 98 c.

200. (F.[25]) Paysage (pendant du précédent). — (Copie.)

Ces trois copies sont de *F.-X. Fabre*, Fondateur du Musée.

Toile : Haut. 0 m. 64 c. — Larg. 0 m. 98 c.

—

GAUFFIER (**Louis**), *né à Rochefort en 1762, mort à Florence en 1801.*

201. (F.[25]) Le portrait d'un Peintre :

Il est debout sur une terrasse ornée de vases de fleurs ; la tête et la partie supérieure du corps sont dans l'ombre et se détachent sur un ciel très-clair.

Toile : Haut. 0 m. 67 c. — Larg. 0 m. 50 c.

202. (F.[25]) Vue du couvent de *Vallombrosa*, en Toscane.

Bois : Haut. 0 m. 16 c. — Larg. 0 m. 24 c.

203. (F.[25]) Des Moines du couvent de *Vallombrosa* s'entretiennent avec un voyageur sur la terrasse du *Paradisino*.

Toile : Haut. 0 m. 38 c. — Larg. 0 m. 50 c.

204. (F.[25]) Vue du *Val d'Arno* et du Couvent de *Vallombrosa*, prise du *Paradisino*.

Toile : Haut. 0 m. 28 c. — Larg. 0 m. 40 c.

205. (F.[25]) Étude d'un arbre au bord du Tibre.

Toile : Haut. 0 m. 38 c. — Larg. 0 m. 26 c.

206. (F.[25]) Étude d'un groupe d'arbres qui existent auprès du grand vivier de *Vallombrosa*.

Toile : Haut. 0 m. 34 c. — Larg. 0 m. 46 c.

207. (F.[25]) Herminie :

Herminie, princesse d'Antioche, après s'être égarée dans un bois pour échapper à une garde avancée du camp des Chrétiens, trouve un vieux berger près des rives du Jourdain. — (Esquisse.)

Bois : Haut. 0 m. 24 c. — Larg. 0 m. 31 c.

208. (F.[25]) Une Sainte Famille :

La Vierge, auprès d'une fontaine, lave les pieds de l'Enfant Jésus, qui caresse St Jean. St Joseph est assis derrière eux. — (Esquisse.)

Bois : Haut. 0 m. 22 c. — Larg. 0 m. 15 c.

—

GÉNOELS (Abraham), *né à Anvers en 1640, mort fort âgé dans la même ville.*

209. (F.[25]) Paysage :

Un voyageur se repose sur le gazon ; on voit dans le fond des fabriques entourées de pins et de cyprès. — Ce tableau a été gravé à l'eau forte par Génoels.

Toile : Haut. 0 m. 41 c. — Larg. 0 m. 32 c.

—

GHIRLANDAJO (Ridolfo CORRADI del), *né à Florence en 1485, mort en 1560. — Élève de David Corradi, son oncle.* (École Florentine.)

210. (F.[25]) Le portrait de *Francesco Petrarca* :

Il est couronné de laurier. — (D'après une miniature ancienne.)

Bois : Haut. 0 m. 26 c. — Larg. 0 m. 19 c.

GIORDANO (**Luca**), *né à Naples en 1632, mort vers 1705. — Élève de Ribera.* (École Napolitaine.)

211. (**F.**[37]) La Ste Vierge et l'Enfant Jésus :

St Jean est à genoux en adoration devant lui; on aperçoit St Joseph dans le fond. — Le Père Éternel, dans les nuages, contemple avec amour son Fils bien-aimé.

Toile : Haut. 1 m. 17 c. — Larg. 1 m. 29 c.

—

GIOTTO, *peintre, sculpteur et architecte, né à Vespignano, en Toscane, l'an 1276, mort en 1336.—Élève de Cimabue.* (École Florentine.)

212. (**F.**[25]) La mort d'une Sainte :

Elle est sur son lit de mort, entourée de plusieurs saints personnages : le peintre a figuré son âme sous la forme d'un enfant emmailloté : elle est dans les bras de la Ste Vierge, et on la voit plus haut dans ceux de Jésus-Christ entouré d'Anges.

Bois : Haut. 0 m. 20 c. — Larg. 0 m. 15 c.

—

GIRODET-TRIOSON (**Anne-Louis**), *né à Montargis en 1767, mort à Paris en 1824. — Élève de Louis David.*

213. (**F.**[25]) Étude de vieillard à demi-vêtu :

Il est dans une grotte auprès de son feu.

Toile : Haut. 0 m. 61 c. — Larg. 0 m. 48 c.

214. (F.[25]) **Anacréon, sa Maîtresse et l'Amour qui se reposent dans une grotte :**

Les figures sont toutes dans la demi-teinte ; à travers l'ouverture de la grotte, on découvre un horizon brûlant. — (Esquisse.)

Toile : Haut. 0 m. 16 c. — Larg. 0 m. 21 c.

215. (F.[37]) **Hippocrate refuse les présens d'Artaxerxès. — (Esquisse.)**

Toile : Haut. 0 m. 24 c. — Larg. 0 m. 36 c.

216. (V.) **Le Dante et Virgile :**

Le Dante et Virgile, aux Enfers, rencontrent les ombres de Paul (Malatesta) et de Françoise (de Rimini). — Au récit de leur triste aventure, le Dante s'évanouit raide-mort.

Bois : Haut. 0 m. 23 c. — Larg. 0 m. 31 c.

217. (V.) **Buste d'une jeune fille :**

Elle servait de modèle à Girodet.

Toile : Haut. 0 m. 40 c. — Larg. 0 m. 32 c.

218. (V.) **Le Christ descendu de la Croix.**

Papier sur canevas : Haut. 0 m. 44 c. — Larg. 0 m. 32 c.

—

GRANET, *d'Aix en Provence, établi à Paris.*

219. (F.[25]) **Torquato Tasso.**

Il est visité par Michel Montaigne dans la prison où il était retenu à Ferrare.

Toile : Haut. 0 m. 98 c. — Larg. 0 m. 73 c.

220. (**F.**[25]) Vue des souterrains de *San Martino del Monti*, à Rome :

Un Moine et un jeune Clerc récitent les dernières prières à un cadavre enveloppé d'un drap mortuaire et qui va être enseveli.

Toile : Haut. 1 m. 25 c. — Larg. 1 m. 58 c.

—

GRENIER SAINT-MARTIN (**François**), *peintre d'histoire.*

221. (**V.**) Le Factionnaire.

Toile : Haut. 0 m. 25 c. — Larg. 0 m. 17 c.

—

GREUZE (**Jean-Baptiste**), *né à Tournus, en Bourgogne, en 1734, mort à Paris en 1807.*

222. (**V.**) La Prière du matin :

Une jeune fille, les mains jointes, appuyée sur son lit et à genoux, lève les yeux au ciel; nu-pieds et négligemment vêtue, ses épaules sont recouvertes d'une mantille de taffetas noir, garnie en dentelle ; ses cheveux blonds et dorés ornent son front et pressent les contours moelleux de ses joues et de son cou. — Derrière elle, à gauche, une table où l'on aperçoit un flambeau et sa bougie éteinte ; à droite, la draperie d'un rideau bleu et une guitare jetée sur le lit.

Bois : Haut. 0 m. 65 c. — Larg. 0 m. 51 c.

223. (**V.**) Le Gâteau des Rois :

A table, entouré de sa femme et de ses huit enfans, un père de famille présente à l'un des plus jeunes d'entre eux, une serviette où sont mêlées les parts du gâteau ; celui-ci en tire un morceau dont la grosseur paraît lui causer une agréable surprise. — Une petite sœur piquée de n'avoir pas été choisie pour désigner le Roi de la fève, boude et fait la moue derrière le fauteuil du chef de la maison, etc., etc.

Toile : Haut. 0 m. 72 c. — Larg. 0 m. 91 c.

224. (V.) Le petit Mathématicien :

Portrait d'un jeune garçon vu jusqu'au buste.

Toile : Haut. 0 m. 45 c. — Larg. 0 m. 37 c.

225. (V.) La jeune fille aux mains jointes.

Toile : Haut. 0 m. 45 c. — Larg. 0 m. 36 c.

226. (V.) La jeune fille au panier.

Toile, forme ovale : Haut. 0 m. 45 c. — Larg. 0 m. 37 c.

227. (V.) Portrait d'une jeune fille vue par le dos et ayant la tête retournée vers le spectateur.

Toile : Haut. 0 m. 44 c. — Larg. 0 m. 37 c.

228. (V.) Portrait d'une petite fille de 4 à 5 ans.

Toile : Haut. 0 m. 39. c. — Larg. 0 m. 31 c.

229. (F.[37]) La tête d'un paralytique :

Étude plus grande que nature.

Toile : Haut. 0 m. 63 c. — Larg. 0 m. 53 c.

230. (F.[37]) Un jeune enfant d'environ dix ans, s'est endormi en étudiant sa leçon :

Il tient son livre ouvert de la main droite, sur laquelle il repose la tête.

Toile : Haut. 0 m. 63 c. — Larg. 0 m. 52 c.

231. (†) Tête d'enfant à cheveux blonds.

Bois : Haut. 0 m. 39 c. — Larg. 0 m. 31 c.

232. (✝) Tête d'une jeune fille :

Elle exprime le désir.

Bois : Haut. 0 m. 39 c. — Larg. 0 m. 31 c.

—

GRIMALDI, *voyez* **BOLOGNÈSE.**

—

GRIMOU, *mort à Paris en 1740.*

233. (F.[37]) Un jeune soldat avec sa cuirasse, ayant une fraise autour du cou et une toque sur la tête :

Il tient une lance de la main droite ; l'autre repose derrière le dos.

Toile : Haut. 0 m. 90 c. — Larg. 0 m. 71 c.

—

GUERCHIN (Giovan-Francesco **BARBIERI**, dit **LE**), *né à Cento en 1590, mort en 1666. — Élève de Cremonini et de Benedetto Gennari le vieux.* (École Bolonaise.)

234. (F.[25]) La Ste Vierge tient dans ses bras l'Enfant Jésus :

Elle a la tête ornée d'un voile qui lui passe sous le menton.

Carton : Haut. 0 m. 21 c. — Larg. 0 m. 16 c.

235. (F.[25]) Tête de jeune homme.

Toile : Haut. 0 m. 32 c. — Larg. 1 m. 23 c.

236. (F.[37]) Le Prophète Isaïe.

Toile : Haut. 0 m. 57 c. — Larg. 0 m. 43 c.

237. (F.[25]) St François en méditation :

Il a la tête appuyée sur la main droite, et dans la gauche il tient un crucifix.

Toile : Haut. 0 m. 61 c. — Larg. 0 m. 51 c.

GUIDO-RENI, *né à Bologne en 1575, mort en 1642. — Élève de Denis Calvart.* (École Bolonaise.) *Reni était son nom de famille; son père s'appelait Daniele Reni.*

238. (F.[37]) St Pierre :

Il a les mains jointes et il regarde le ciel avec la plus vive expression du repentir.

Toile : Haut. 0 m. 79 c. — Larg. 0 m. 65 c.

239. (F.[25]) Tête de Vierge :

Un grand voile lui couvre le sein.

Toile, ovale : Haut. 0 m. 62 c. — Larg. 0 m. 53 c.

240. (F.[25]) Ste Agathe :

Elle tient dans un plat d'or son sein coupé : il est recouvert d'une palme.

Toile : Haut. 0 m. 50 c. — Larg. 0 m. 37 c.

241. (F.[25]) St François en extase :

Deux Anges viennent le visiter.

Toile : Haut. 0 m. 56 c. — Larg. 0 m. 41 c.

242. (F.[25]) La Vierge, le coude appuyé sur une table, tient sur ses genoux l'Enfant Jésus endormi.

Ce petit tableau a été gravé à l'eau-forte par Le Guide.

Cuivre : Haut. 0 m. 21 c. — Larg. 0 m. 17 c.

243. (F.[25]) Une Vierge les mains jointes et regardant le ciel.

Toile : Haut. 0 m. 22 c. — Larg. 0 m. 17 c.

HACKERT (**Philippe**), *Prussien, mort à Florence.*

244. (F.[25]) Vue prise du parc de l'*Aricia*, près d'*Albano* :

Effet de soleil couchant : des cerfs se reposent sur le gazon.

Toile : Haut. 0 m. 64 c. — Larg. 0 m. 96 c.

245. (F.[25]) Paysage :

Vue de *Montelupo* en Toscane.

Toile : Haut. 0 m. 64 c. — Larg. 0 m. 34 c.

—

HAUDEBOURT (**Hortense-Victoire Lescot, épouse**), *peintre de paysage et de genre. — Élève de M. Lettière.*

246. (V.) La Nécromancienne :

Elle dit la bonne aventure à deux jeunes filles.

Bois : Haut. 0 m. 46 c. — Larg. 0 m. 38 c.

—

HÉEM (**Jean-David de**), *né à Malines en 1584, mort en 1666. — Élève de son père David de Héem.* (École Hollandaise.)

247. (F.[37]) Tableau de fruits et pièces de marée :

On voit sur un plateau d'argent des huîtres et des crevettes, et à côté, des écrevisses, des pêches, du raisin, un citron moitié pelé et différens verres remplis de liqueurs. Le tout posé sur une table recouverte en partie d'une étoffe de soie bleue, avec une frange en or et en argent.

Bois : Haut. 0 m. 46 c. — Larg. 0 m. 62 c.

HEMMELINCK (**Jean**), *né à Damme, près de Bruges ; Contemporain de Van Eyck.*

248. (V.) La Visitation. — L'Adoration des Mages. — La Fuite en Égypte. — La Circoncision. — L'Assomption :

Cinq petits tableaux de forme cintrée, réunis sur un panneau de bois.

Haut. 0 m. 22 c. — Larg. 0 m. 84 c.

—

HEUS (**Jacques de**), *né à Utrecht en 1657, mort à Amsterdam en 1701. — Élève de son oncle Guillaume de Heus.* (École Hollandaise.) *Les deux tableaux qu'on va décrire sont signés J. Heüsch.*

249. (F.[25]) Paysage :

Un port de mer avec de grandes fabriques. Un homme monté sur un cheval blanc, et un grand nombre d'autres figures.

Toile : Haut. 0 m. 85 c. — Larg. 1 m. 27 c.

250. (F.[25]) Autre Paysage (pendant du précédent) :

Des soldats groupés écoutent un de leurs camarades qui paraît leur raconter ses aventures : ils sont assis auprès de grands arbres. — Site sauvage dans le style de *Salvator Rosa*, que ce peintre cherchait à imiter.

Toile : Haut. 0 m. 85 c. — Larg. 1 m. 27 c.

HEYDEN (**Jean Van der**), *né à Gerkum en 1637, mort à Amsterdam en 1712.*

251. (V.) Une vue du couvent du Béguinage, à Gand :

Au milieu de la place publique, pavée en larges cailloux, s'élèvent le portail et la façade de l'église du couvent ; les toits sont en carreaux d'ardoise dont on distingue l'arrangement symétrique. — A droite, construit en briques rouges parfaitement alignées, est le mur d'enceinte du jardin. — Sur le devant, dans le voisinage d'un égout, une mare d'eau pluviale réfléchit la façade de l'église.

La place publique est animée par de jolies petites figures d'Adrien Van der Velde.

Bois : Haut. 0 m. 18 c. — Larg. 0 m. 24 c.

—

HONDEKOETER (**Melchior**), *né à Utrecht en 1636, mort à Amsterdam en 1695. — Élève de son père Gisbrecht.* (École Hollandaise.)

252. (F.[37]) Une poule blanche avec cinq petits poussins, deux pigeons posés sur une pierre et un paon dans le lointain.

Toile : Haut. 0 m. 69 c. — Larg. 0 m. 57 c.

—

HONDIUS (**Abraham**), *né en 1650.*

253. (C.) Une Chasse au sanglier :

Une meute de chiens de diverses espèces, bouledogues, lévriers, mâtins, épagneuls, etc., s'élance contre un énorme sanglier. — Le sauvage animal vien d'éventrer un magnifique épagneul, et, en tombant, il écrase de son poids un bouledogue qui perce l'air de ses cris.

Toile : Haut. 1 m. 66 c. — Larg. 1 m. 93 c.

—

HUYSMANS (**Cornille**), surnommé **HUYSMANS DE MALINES**, *né à Anvers en 1648, mort à Malines en 1727. — Élève de Jacques Van Artois.* (École Flamande.)

254. (F.[25]) Paysage :

Sur le devant plusieurs femmes puisent de l'eau dans une fontaine naturelle.

Toile : Haut. 1 m. 02 c. — Larg. 1 m. 19 c.

—

HUYSUM (**Jean Van**), *né à Amsterdam en 1682, mort en 1749. — Élève de son père Juste Van Huysum.*

255. (V.) Bouquet de fleurs :

Sur une console en marbre, dans un vase orné de bas-reliefs, on voit un brillant bouquet de roses jaunes, blanches et rouges. — Ces roses sont surmontées de deux œillets, d'un pavot capucine, d'une tulipe, d'un iris et d'un brin de pied-d'alouette. — Des papillons, une abeille et d'autres insectes voltigent sur ces fleurs artistement entremêlées de leurs feuilles, et de quelques liserons et fleurs des champs. — A droite, un admirable nid de moineau avec des œufs et des plumes. — Le tout se détache sur un fond clair roux.

Cuivre : Haut. 0 m. 49 c. — Larg. 0 m. 40 c.

256. (V.) Fruits (pendant du précédent) :

Un melon découpé plein de jus et de semences, des grapes de raisin blanc et noir, des figues et des pêches.

des abricots, des framboises et une grenade ouverte, arrangés avec art sous les feuilles vertes et jaunies d'un cep de vigne, forment, sur une table de marbre, un groupe de fruits qui se dessine également sur un champ clair.

Cuivre : Haut. 0 m. 49 c. — Larg. 0 m. 40 c.

—

INCONNUS.

257. (V.) Une Dame assise :

Elle a la tête appuyée sur sa main; un chien est auprès d'elle.

Bois : Forme ronde, 0 m. 23 c. de diamètre.

258. (V.) L'Assomption.

Ce petit tableau est dans le style de *Murillo.*

Cuivre : Haut. 0 m. 18 c. — Larg. 0 m. 09 c.

259. (F.[37]) Deux grappes de raisin et plusieurs pêches sur une assiette.

Bois : Haut. 0 m. 24 c. — Larg. 0 m. 33 c.

—

JAQUOTOT (Marie-Victoire), *Peintre sur porcelaine, née à Paris en 1778.*

260. (V.) Danaé.

—(D'après le tableau de Girodet.)

Porcelaine : Haut. 0 m. 33 c. — Larg. 0 m. 17 c.

—

JENSEN.

261. (F.[37]) Des Fleurs.

Bois : Haut. 0 m. 24 c. — Larg. 0 m. 31 c.

262. (F.[37]) Des Fleurs.

Bois : Haut. 0 m. 24 c. — Larg. 0 m. 31 c.

JOSEPIN (**Giuseppe-Cesari, dit LE**), *né à Arpino, mort octogénaire en 1640. — Élève du Pomerancio.* (École Napolitaine.)

263. (**F.**[25]) La Visitation angélique :

Ce tableau est peint sur une plaque d'albâtre oriental, que l'on voit à découvert dans la gloire, dans les colonnes et dans la majeure partie du fond.

Albâtre oriental : Haut. 0 m. 18 c. — Larg. 0 m. 18 c.

—

JOUVENET (**Jean**), *né à Rouen en 1644, mort à Paris en 1717. — Élève de Jean Jouvenet, son père.* (École Française.)

264. (**F.**[37]) La Vierge Marie reçoit avec respect la mission de l'Ange Gabriel :

Le Père Éternel lui envoie le St Esprit, et lui communique un rayon de gloire qui s'échappe de son sein.

Toile, ovale : Haut. 0 m. 56 c. — Larg. 0 m. 71 c.

—

JULES-ROMAIN (**Giulio PIPI, dit**), *né à Rome en 1492, mort en 1546. — Élève de Raphaël.* (École Romaine.)

265. (**F.**[37]) Un portrait :

Ce portrait paraît être celui de Marc-Antoine *Raimondi*, célèbre graveur et ami de Jules-Romain.

Toile : Haut. 0 m. 70 c. — Larg. 0 m. 56 c.

266. (**F.**[25]) Le Sabbat (*lo Stregozzo*) :

Une sorcière est traînée dans la carcasse d'un animal; elle est entourée de petits enfans, dont quelques-uns sont morts; elle porte un vase enflammé. Différentes figures l'accompagnent; plusieurs sont montées sur des monstres bizarres.

Toile : Haut. 0 m. 44 c. — Larg. 0 m. 79 c.

JULLIARD.

267. (G.) Paysage :

Deux grands arbres au milieu du tableau : un coteau à gauche avec une petite cascade. Plusieurs figures sur le devant.

Toile : Haut. 0 m. 95 c. — Larg. 1 m. 27 c.

KABEL (Adrien Van der), *né à Ryswick en 1631, mort à Lyon en 1695.* (École Hollandaise.)

268. (F.[25]) Paysage au soleil couchant :

Un berger conduit un troupeau de moutons et de chèvres. Une femme est montée sur un cheval.

Toile : Haut. 0 m. 43 c. — Larg. 0 m. 32 c.

269. (F.[37]) Paysage :

Une rivière sur le milieu. Au premier plan un homme debout et deux femmes assises.

Bois, ovale : Haut. 0 m. 26 c. — Larg. 0 m. 35 c.

270. (F.[37]) Paysage :

Plusieurs figures sur le bord d'une rivière. Trois hommes dans une barque.

Bois, ovale : Haut. 0 m. 26 c. — Larg. 0 m. 35 c.

KALF (Guillaume), *né à Amsterdam vers 1630,*

mort dans la même ville en 1693. — Élève de Henri Pot. (École Hollandaise.)

271. (**F.**[37]) **Intérieur d'une cuisine rustique :**

Sur le devant on voit un chat, des choux, un chaudron, etc. Une femme appuyée sur sa cruche, au bord d'un puits, s'entretient avec un homme qui tient son cheval par la bride.

Bois : Haut. 0 m. 35 c. — Larg. 0 m. 29 c.

—

LAGRÉNÉE l'aîné (**Louis-Jean-François**), *né à Paris le 30 décembre 1731, mort le 17 juin 1805. — Élève de Carle Vanloo.*

272. (**G.**) Alexandre consultant l'Oracle de Delphes.

Toile : Haut. 3 m. 20 c. — Larg. 3 m. 20 c.

—

LAGRÉNÉE le jeune (**Jean-Jacques**). — *Élève de Lagrénée aîné, son frère.*

273. (**G.**) Tauréa Jubellius se poignarde devant le Proconsul Fulvius :

Sa femme et son fils, tués de sa propre main, sont étendus à ses pieds.

Toile : Haut. 3 m. 20 c. — Larg. 3 m. 20 c.

—

LAHYRE (**Laurent DE**), *né à Paris en 1606. — Élève de son père Étienne de Lahyre et de Vouet.*

274. (**F.**[37]) Paysage :

Deux bergers, dont un assis, gardent des moutons ; un chien est auprès d'eux.

Toile : Haut. 0 m. 59 c. — Larg. 0 m. 78 c.

LARGILLIÈRE (**Nicolas**), *né à Paris en 1656, mort en 1746. — Élève d'Antoine Goebouw, peintre Flamand.* (École Française.)

275. (C.) Portrait de l'auteur.

Toile : Haut. 0 m. 79 c. — Larg. 0 m. 63 c.

—

LEBRUN (**Charles**), *né à Paris en 1619, mort en 1690. — Élève de Vouet.*

276. (F.[37]) Saint Jean l'évangéliste en extase.

Toile : Haut. 0 m. 55 c. — Larg. 0 m. 46 c.

—

LEGRAND (**Mademoiselle Jenny**), *peintre d'intérieurs. — Élève de Leroy de Liancourt.*

277. (V.) Intérieur de cuisine avec légumes et accessoires de ménage.

Bois : Haut. 0 m. 44 c. — Larg. 0 m. 51 c.

—

LEMOINE (**François**), *né à Paris en 1688, mort dans la même ville en 1737. — Élève de Galloche.*

278. (†) Les Noces de Cana. — (Esquisse.)

Toile : Haut. 0 m. 28 c. — Larg. 0 m. 45 c.

—

LESUEUR (**Eustache**), *né à Paris en 1617, mort dans la même ville en 1656. — Élève de Vouet.*

279. (F.[25]) La première nuit de noces de Tobie : **Par le conseil de l'Ange, il brûle une portion du**

foie du poisson qu'il avait apporté de son voyage, et il met en fuite le démon qui avait déjà fait périr les sept premiers maris de Sara, sa femme.

Toile : Haut. 0 m. 57 c. — Larg. 0 m. 72 c.

—

LETHIÈRE (**Guillaume-Guillon**), *né à Sainte-Anne de la Guadeloupe, en 1760.*

280. (**F.**[25]) Néron fait enlever Junie pendant la nuit. — (Esquisse.)

Toile : Haut. 0 m. 12 c. — Larg. 0 m. 20 c.

—

LINT (**Pierre Van**), *né à Anvers en 1609. On ignore l'époque de sa mort.*

281. (**F.**[25]) Les Vierges sages et les Vierges folles.

Cuivre : Haut. 0 m. 18 c. — Larg. 0 m. 25 c.

—

LOCATELLI (**Andrea**), *mort à Rome en 1741, — Élève de Paolo Anesi. L'époque de sa naissance n'est pas connue.* (École Romaine.)

282. (**F.**[37]) Paysage:

Dans le milieu du tableau on voit une rivière qui forme une cascade ; un chemin rocailleux auprès duquel sont quatre figures et deux chiens.

Toile : Haut. 0 m. 57 c. — Larg. 0 m. 78 c.

283. (**F.**[37]) Paysage :

Quatre figures groupées au pied de deux grands arbres.

Bois : Haut. 0 m. 34 c. — Larg. 0 m. 52 c.

LOIR (**Nicolas**), *né en 1624 à Paris, où il est mort en 1679. — Élève de Bourdon.*

284. (**F.**[37]) L'Annonciation.

Toile : Haut. 0 m. 23 c. — Larg. 0 m. 19 c.

—

LORIN. *On n'a trouvé le nom de cet artiste dans aucune biographie.*

285. (†) Une Sainte :

Elle est en oraison devant un crucifix, posé sur un coussin de velours.

Toile : Haut. 2 m. 48 c. — Larg. 1 m. 57 c.

—

LUTI (**Benedetto**), *né à Florence en 1666, mort en 1724. — Élève d'Antonio-Domenico Gabbiani.* (École Florentine.)

286. (**F.**[25]) L'Enfant Jésus endormi tient une petite croix :

Il a le pied droit posé sur une tête de mort : il est entouré des attributs de sa passion. Trois chérubins le contemplent avec amour.

Toile : Haut. 0 m. 46 c. — Larg. 0 m. 37 c.

—

MANGLARD (**Adrien**), *né à Lyon en 1696, mort à Rome en 1760.*

287. (†) Un port de mer avec une forteresse.

Toile : Haut. 0 m. 26 c. — Larg. 0 m. 41 c.

MARCELLIS (**Otho**), *né en 1613, mort à Amsterdam en 1673.*

288. (F.[37]) Un Serpent et un Lézard :

Ils se disputent un papillon auprès d'une plante de chardon, autour de laquelle le peintre a placé plusieurs insectes.

Toile : Haut. 0 m. 73 c. — Larg. 0 m. 55 c.

—

MARTIN, dit **DES GOBELINS** (**Jean-Baptiste**), *né à Paris en 1659, mort dans la même ville en 1735. — Élève de Van der Meulen.*

289. (G.) Paysage :

Vue d'Elburg, avec beaucoup de militaires à cheval.

Toile : Haut. 1 m. 76 c. — Larg. 1 m. 62 c.

290. (G.) Paysage :

Vue de Grave-sur-Meuse, avec de nombreux convois militaires.

Toile : Haut. 1 m. 76 c. — Larg. 1 m. 62 c.

—

MATWEFF (**Théodore**), *Russe, établi à Rome.*

291. (F.[25]) Paysage :

Un torrent, vu de face, entoure de ses eaux bouillonnantes un rocher couvert de broussailles.

Toile : Haut. 0 m. 53 c. — Larg. 0 m. 70 c.

292. (F.[25]) Vue des Cascatelles, à *Tivoli.*

Toile : Haut. 0 m. 29 c. — Larg. 0 m. 39 c.

—

MAZZUOLI (**Francesco**), *voyez* **PARMESAN (LE)**.

MENGS (**Antoine-Raphaël**), *né en Saxe vers l'an 1722, mort à Rome. — Élève de son père.*

293. (**F.**[25]) Portrait du Cardinal Duc d'York.

Toile : Haut. 0 m. 41 c. — Larg. 0 m. 35 c.

—

MÉRIMÉE (**Louis**), *à Paris.*

294. (**F.**[25]) Vertumne et Pomone. —(Esquisse.)

Toile : Haut. 0 m. 37 c. — Larg. 0 m. 29 c.

—

METSU (**Gabriel**), *né à Leyde en 1615, mort à Amsterdam vers l'année 1658. — Son maître est incertain.* (École Hollandaise.)

295. (V.) L'Écrivain.

Un docteur, dont les cheveux noirs naturellement bouclés descendent sur les épaules, est assis devant une table couverte d'un tapis rouge. — Appuyant une main sur un cahier, à l'autre tenant une plume suspendue sur le papier, il lit et semble corriger les lignes qu'il y vient d'écrire. — Dans le fond, une servante, portant une bougie allumée, attend que son maître ait terminé cette lecture.

Bois : Haut. 0 m. 26 c. — Larg. 0 m. 24 c.

296. (V.) La Marchande hollandaise :

Elle tient à la main un hareng.

Bois : Haut. 0 m. 26 c. — Larg. 0 m. 22 c.

MEULEN (**Antoine - François Van der**), *né à Bruxelles en 1634, mort à Paris en 1690. — Élève de Pierre Snayers.* (École Flamande.)

297. (F.[37]) Paysage :

Plusieurs hommes à cheval devant une hôtellerie.

Toile : Haut. 0 m. 55 c. — Larg. 0 m. 79 c.

298. (F.[37]) Paysage :

Des brigands armés de fusils attaquent des cavaliers et leur suite.

Bois : Haut. 0 m. 17 c. — Larg. 0 m. 23 c.

—

MEYNIER (**Charles**), *à Paris.*

299. (F.[25]) Timoléon ne pouvant persuader à son frère Timophane de renoncer à la tyrannie, se couvre le visage de son manteau : à ce signal convenu, les conjurés tirent leurs épées et donnent la mort au tyran. — (Esquisse.)

Toile : Haut. 0 m. 47 c. — Larg. 0 m. 61 c.

—

MICHALLON (**Achille-Etna**), *né à Paris en 1797, mort en 1822.*

300. (F.[25]) Paysage représentant l'île de Lemnos :

Philoctète blessé au talon se traîne sur les rochers du rivage, pour ramasser une colombe qu'il a percée de ses flèches.

Toile : Haut. 0 m. 67 c. — Larg. 0 m. 98 c.

MIEL ou MÉEL (**Jean**), *né en 1599, mort à Turin en 1644. — Élève de Guérard Seghers, et d'Andréa Sacchi.* (École Flamande.)

301. (F.[28]) Une Fontaine d'eau minérale :

On y voit plusieurs figures qui en boivent, et d'autres qui en éprouvent les effets.

Toile : Haut. 0 m. 71 c. — Larg. 1 m. 03 c.

—

MIERIS LE VIEUX (**François**), *né à Delft en 1635, mort à Leyde en 1681. — Élève de Gerard Dow.* (École Hollandaise.)

302. (V.) L'Enfileuse de perles :

Assise sur une chaise à dossier de velours, devant une table couverte d'un riche tapis de Perse, une jeune dame Hollandaise, vue jusqu'au genou, est occupée à passer un fil de soie dans des perles rondes d'une grande blancheur.

La jeune dame, dont les cheveux blonds-clairs descendent sur le cou, suspend un moment son travail pour regarder le spectateur, etc., etc.

A gauche, dans la demi-teinte, une jeune cameriste ; à droite, dans l'obscurité, les quenouilles empanachées d'un beau ciel de lit.

Bois : Haut. 0 m. 22 c. — Larg. 0 m. 17 c.

—

MIGNARD (**Pierre**), *né à Troyes en Champagne en 1610, mort à Paris en 1695. — Élève de Vouet.*

303. (F.[37]) Une tête de Sainte Anne.

Toile : Haut. 0 m. 41 c. — Larg. 0 m. 32 c.

MILÉ ou **Milet**, dit **Francisque** (**François**), *né à Anvers en 1644, mort à Paris en 1680. — Élève de Laurent Franck.*

304. (F.[37]) Paysage :

On voit de grands arbres sur le devant, une femme sur un âne, et quelques autres figures.

Toile : Haut. 0 m. 64 c. — Larg. 0 m. 81 c.

305. (F.[25]) Paysage :

Une femme porte sur sa tête des fruits dans un panier.

Toile : Haut. 0 m. 37 c. — Larg. 0 m. 45 c.

306. (F.[25]) Paysage :

Un berger se repose auprès de ses moutons.

Toile : Haut. 0 m. 37 c. — Larg. 0 m. 45 c.

MIREVELT (**Michel**), *né à Delft en 1568, mort en 1642. — Élève de Blockland.*

307. (F.[37]) Portrait d'homme à moustaches :

Il est vêtu de noir avec un large collet de dentelles.

Toile : Haut. 0 m. 54 c. — Larg. 0 m. 41 c.

MOLA (**Pier Francesco**), *né à Lugano en 1609, mort en 1665. — Élève de l'Albane.*

308. (F.[25]) Une Sainte Famille :

La Vierge lave des linges que St Joseph étend sur des arbres ; l'Enfant Jésus, couché sur une pierre, est entouré de chérubins au milieu d'une gloire céleste. — (Esquisse.)

Toile : Haut. 0 m. 36 c. — Larg. 0 m. 47 c.

309. (F.[37]) Laban qui cherche ses idoles.

Toile : Haut. 0 m. 32 c. — Larg. 0 m. 41 c.

MOLENAER (**Cornille**), *né à Anvers, vers 1540 ; on ignore l'époque de sa mort.*

310. (**F.**[37]) Tableau représentant un temps de neige :

Des voyageurs sont sur le point de monter à cheval ; plusieurs figures patinent sur la glace.

Bois : Haut. 0 m. 35 c. — Larg. 0 m. 48 c.

—

MONOYER, dit **Baptiste** (**Jean-Baptiste**), *né à Lille en 1635, mort à Londres en 1699.*

311. (**G.**) Tableau représentant des fleurs et des fruits :

Différens vases sont posés sur un fragment de corniche, avec un sphinx, une horloge, un tapis, un globe, etc. Ces objets sont groupés avec des fleurs et des fruits. — (Morceau de réception de l'auteur à l'Académie de peinture, en 1665.)

Toile : Haut. 1 m. 38 c. — Larg. 1 m. 82 c.

312. (**C.**) Une corbeille remplie de fleurs.

Toile : Haut. 0 m. 75 c. — Larg. 0 m. 92 c.

—

MONTAGNA (**Niccolò**). *On n'a trouvé aucun détail sur la vie de ce peintre.*

313. (**F.**[26]) Marine :

La mer est très-agitée : un vaisseau est prêt à s'engloutir.

Toile : Haut. 0 m. 36 c. — Larg. 0 m. 47 c.

314. (F.[37]) Une tempête sur mer.

Toile : Haut. 0 m. 35 c. — Larg. 0 m. 41 c.

—

MONVOISIN (**Raymond**), *artiste vivant, peintre d'histoire ; il a obtenu le grand prix en 1822.*

315. (G.) La mort de CHARLES IX.

Toile : Haut. 2 m. 30 c. — Larg. 2 m. 89 c.

—

MOUCHERON (**Isaac**), *né à Amsterdam en 1670, mort en 1744. — Élève de son père Frédéric Moucheron.* (École Hollandaise.)

316. (F.[37]) Paysage :

Le site rappelle les environs de *Tivoli*, surtout la *Villa d'Este* d'où l'auteur paraît avoir pris les pins et les cyprès qui forment la partie droite du tableau : on voit plus loin une grande fabrique dans le style de l'abbaye de *Grotta-Ferrata*, et la plaine de Rome dans le lointain ; une femme avec son enfant, un homme, un chien et des moutons, ornent le devant du tableau. Des femmes lavent du linge au bord d'une rivière.

Toile : Haut. 0 m. 96 c. — Larg. 1 m. 39 c.

—

MOULINIER (**Jacques**), *de Montpellier, mort en 1828.*

317. Paysage dont le site est pris des environs de Bédarieux.

Ce tableau a été donné au Musée par l'auteur.

Bois : Haut. 0 m. 54 c. — Larg. 0 m. 49 c.

318. (F.[25]) Paysage :

Vue du Colisée et de l'arc de Constantin. — Ce petit tableau a été peint à Rome.

Toile : Haut. 0 m. 32 c. — Larg. 0 m. 51 c.

NATOIRE (Charles), *né à Nismes en 1700, mort à Castel Gandolfo, près de Rome, en 1777. — Élève de Lemoyne.* (École Française.)

319. (G.) Vénus demande à Vulcain des armes pour son fils Énée.

Toile : Haut. 1 m. 92 c. — Larg. 1 m. 38 c.

320. (F.[37]) Une jeune femme coiffée d'un turban.

Toile : Haut. 0 m. 79 c. — Larg. 0 m. 64 c.

NEEFS (Peeter), *né à Anvers, vers 1570, mort en 1651. — Élève de Steenwick le père.* (École Flamande.)

321. (F.[37]) Vue intérieure d'une vaste église éclairée au flambeau et par différentes lumières:

A droite, un prêtre est à l'autel où brûlent deux cierges. — Les figures sont de Franck.

Bois : Haut. 0 m. 28 c. — Larg. 0 m. 45 c.

NÉER (Eglon Van der), *né à Amsterdam en 1643, mort à Dusseldorf en 1703. — Élève de son père Arnould Van der Néer.* (École Hollandaise.)

322. (F.[26]) Paysage :

A droite différentes fabriques sur un rocher: une

dame à cheval précédée d'un coureur, suivie d'un écuyer et de plusieurs autres personnes à cheval.

Bois : Haut. 0 m. 21 c. — Larg. 0 m. 27 c.

323. (F.[25]) Paysage (pendant du précédent) :

Une grande rivière avec plusieurs bateaux, différentes personnes à cheval, des bœufs et autres animaux.

Bois : Haut. 0 m. 21 c. — Larg. 0 m. 28 c.

324. (V.) Paysage et figures de villageois.

Bois : Haut. 0 m. 32 c. — Larg. 0 m. 39 c.

325. (F.[37]) Paysage :

Clair de lune. — Un homme, monté sur un cheval blanc, conduit à l'abreuvoir un cheval qu'il mène en laisse.

Bois : Haut. 0 m. 16 c. — Larg. 0 m. 25 c.

—

ORIZZONTE, *voyez* **Bloemen** (**Jean-François Van**).

—

OSTADE (**Adrien Van**), *né à Lubeck en 1610, mort à Amsterdam en 1685. — Élève de François Hals.* (École Hollandaise.)

326. (V.) Intérieur d'un estaminet Hollandais :

Deux hommes du peuple sont occupés à boire et à fumer.

Bois : Haut. 0 m. 32 c. — Larg. 0 m. 24 c.

327. (F.[37]) Le Joueur de luth.

Bois, forme cintrée : Haut. 0 m. 21 c. — Larg. 0 m. 18 c.

OTTINO (**Pasquale**), *né à Vérone, vers 1570, mort en 1630. — Élève de Felice Riccio, dit il Bruciasorci.* (École Vénitienne.)

328. (F.[25]) Le Christ mis au sépulcre. — (Effet de flambeau).

Cuivre : Haut. 0 m. 45 c. — Larg. 0 m. 38 c.

—

OUDRY (**Jean-Baptiste**), *né à Paris en 1686, mort en 1755. — Élève de son père et de Largillière.*

329. (G.) Plusieurs pièces de gibier, un chien de chasse, des fleurs et des fruits.

Toile : Haut. 1 m. 61 c. — Larg. 1 m. 92 c.

—

PALME LE VIEUX (**Jacopo Palma**), *de Serinalta, dans le Bergamasque. On ignore l'époque de sa naissance et celle de sa mort. — Il se forma sur les ouvrages du Giorgion.*

330. (G.) Le massacre des habitans d'Hippone : Saint-Augustin, prévoyant que sa patrie allait être envahie par l'ennemi, et certain de toutes les horreurs qu'on exercerait sur ses concitoyens, obtint du ciel la grâce de mourir pour ne pas en être le témoin : des Anges l'enlèvent en paradis. — Ce tableau, de grande dimension, est signé et porte la date de 1593.

Toile : Haut. 2 m. 37 c. — Larg. 3 m. 33 c.

—

PANNINI (**Giampolo**), *né à Plaisance en 1691, mort à Rome en 1764.* (École Romaine.)

331. (V.) Assemblage des principaux monumens de Rome antique.

Toile : Haut. 0 m. 97 c. — Larg. 1 m. 34 c.

PARMESAN (**Francesco MAZZUOLI ou MAZZUOLA, dit LE**), *né à Parme vers 1503, mort en 1540.* (École de Parme.)

332. (F.[25]) L'Enfant Jésus est couché sur les genoux de la Vierge :

Sa main gauche est appuyée sur le globe terrestre, et de la droite il présente une rose à sa mère.

Bois : Haut. 0 m. 52 c. — Larg. 0 m. 43 c.

—

PATEL LE PÈRE (**Pierre**), *né en 1654.*

333. (+) Paysage en hauteur orné de belles ruines d'ordre ionique :

Les figures représentent Céphale et Procris.

Toile : Haut. 1 m. 54 c. — Larg. 1 m. 36 c.

—

PAUL VÉRONÈSE (**Paolo CAGLIARI, dit**), *né à Vérone vers 1530, mort en 1588. — Élève d'Antonio Badile.* (École Vénitienne.)

334. (F.[37]) Le mariage de Sainte Catherine :

L'Enfant Jésus, sur les genoux de sa mère, s'incline pour embrasser Ste Catherine. St Joseph est appuyé sur le berceau.

Toile : Haut. 1 m. 28 c. — Larg. 1 m. 29 c.

335. (F.[25]) La Vierge sur des nuages tient l'Enfant Jésus sur ses genoux :

Deux Anges sont en adoration à ses côtés. Au bas du tableau, St Bernard, abbé, tient le démon enchaîné, et en face de lui St Matthieu écrit sur un livre soutenu par un Ange.

Toile : Haut. 0 m. 80 c. — Larg. 0 m. 46 c.

336. (F.[25]) St François recevant les stigmates (pendant du précédent) :

Le Saint est soutenu par un Ange : une religieuse, vêtue de blanc et les mains jointes, est sur le devant du tableau.

Toile : Haut. 0 m. 80 c. — Larg. 0 m. 46 c.

—

PIERRE (**Jean-Baptiste-Marie**), *né à Paris en 1714, mort en 1789. — Élève de Natoire.*

337. (G.) Hercule terrasse Diomède et s'empare de ses chevaux, auxquels il le donne à dévorer.

Toile : Haut. 1 m. 91 c. — Larg. 1 m. 38 c.

—

PIPI (**Giulio**), *voyez* **Jules Romain.**

—

POELENBURG (**Corneille**), *né à Utrecht en 1586, mort dans la même ville en 1660. — Elève d'Abraham Bloemaert.* — (École Hollandaise.)

338. (F.[37]) Ruines antiques des thermes de *Caracalla.*

Toile : Haut. 0 m. 50 c. — Larg. 0 m. 39 c.

339. (V.) Paysage :

Un voyageur sur le premier plan. Plus loin un paysan garde ses bœufs.

Cuivre : Haut. 0 m. 08 c. — Larg. 0 m. 10 c.

340. (V.) Une Nymphe endormie.

Cuivre : Haut. 0 m. 08 c. — Larg. 0 m. 10 c.

POITREAU. (**École Française.**)

341. (**G.**) Paysage :

Un grand pont avec des fabriques ruinées. Sur le devant quatre figures et un chien.

Toile : Haut. 0 m. 89 c. — Larg. 0 m. 72 c.

342. (**G.**) Paysage (pendant du précédent) :

De grands rochers avec une cascade, des arbres desséchés, cinq figures, un chien, une chèvre et autres animaux.

Toile : Haut. 0 m. 89 c. — Larg. 0 m. 72 c.

—

POL (**Van**).

343. (**V.**) Fruits et fleurs.

Deux médaillons ronds sous verre, peints au fixé.

0 m. 08 c. de diamètre.

—

PORBUS LE FILS (**François**), *né à Bruges en 1570, mort à Paris en 1622. — Élève de son père.*

344. (**F.**[25]) Portrait de Henri IV.

Toile, ovale : Haut. 0 m. 54 c. — Larg. 0 m. 41 c.

—

POTTER (**Paul**), *né à Enkuisen en 1625, mort à Amsterdam en 1654. — Élève de Potter son père.* (École Hollandaise.)

345. (**V.**) Trois vaches :

Elles sont au pâturage dans une prairie de la Hollande ; l'une d'elles couchée, allongeant le cou, les yeux pres-

que fermés et balançant mollement les mâchoires, rumine pendant qu'elle se repose.

Bois : Haut. 0 m. 23 c. — Larg. 0 m. 29 c.

—

POUSSIN (**Nicolas**), *né aux Andelys, en Normandie, en 1594, mort en 1665, à Rome, où il a passé la plus grande partie de sa vie. — Élève de Quintin Varin.*

346. (F.[25]) La mort de Ste Cécile :

Elle avait été enfermée dans une salle de bain qu'on avait chauffée à l'excès, espérant qu'elle serait suffoquée par la vapeur de l'eau bouillante ; elle résista miraculeusement à cette première épreuve : alors on décida de lui trancher la tête ; elle reçut trois coups de glaive sans qu'on parvînt à la lui détacher ; cependant elle mourut de ses blessures. — Le tableau représente l'instant de sa paisible agonie. Le Pape (on ne dit pas son nom) lui donne la bénédiction, et un Ange lui apporte du ciel une couronne de roses et la palme du martyre. Plusieurs saintes femmes ramassent avec des linges et dans des urnes le sang qu'elle verse : le fond est décoré d'une belle architecture. Il y a, en tout, quinze figures. — Ce tableau a été gravé plusieurs fois.

Toile : Haut. 0 m. 99 c. — Larg. 1 m. 35 c.

347. (F.[25]) Le baptême de Jésus-Christ :

Saint Jean verse l'eau du Jourdain (qu'on voit personnifié sur la gauche du tableau) sur la tête de Notre-Seigneur ; le St Esprit, en forme de colombe, plane au-dessus de lui, resplendissant de lumière ; Dieu le Père, entouré d'Anges, paraît prononcer ces paroles: *C'est ici mon Fils bien-aimé.* Il y a plusieurs figures qui reprennent leurs habits après avoir reçu le baptême; d'autres qui se dépouillent pour le recevoir: en tout environ vingt figures principales.

Toile : Haut. 0 m. 97 c. — Larg. 1 m. 26 c.

348. (F.[25]) Naissance de Bacchus :

Mercure confie aux Nymphes le jeune Dieu ; on voit sur les nuages Jupiter qui vient de le mettre au monde et à qui Hébé présente le nectar. Sur le premier plan le peintre a représenté la Nymphe Écho qui pleure auprès de Narcisse mort.

Ce tableau paraît plutôt une répétition qu'une copie du même sujet qu'on voyait autrefois au Palais-Royal.

Bois : Haut. 0 m. 62 c. — Larg. 0 m. 92 c.

349. (F.[25]) Un jeune enfant vole la flûte d'un Satyre endormi :

Un Fleuve couché sur son urne et une jeune Nymphe s'amusent de cette espièglerie. — Paysage historique.

Toile : Haut. 0 m. 75 c. — Larg. 0 m. 99 c.

350. (F.[25]) Rebecca auprès d'un puits donne à boire à Éliézer, économe d'Abraham.

Sujet composé de trois figures.

Toile : Haut. 0 m. 43 c. — Larg. 0 m. 34 c.

351. (F.[25]) Vénus embrasse Adonis :

Ils sont couchés au pied d'un arbre. Un amour joue avec des colombes, tandis que d'autres cueillent des grappes de raisin. Ce tableau est de l'époque où le Poussin cherchait à imiter l'École Vénitienne, qui lui convenait si peu, et qu'il abandonna bientôt.

Toile : Haut. 0 m. 79 c. — Larg. 1 m. 11 c.

352. (F.[25]) L'adoration des Bergers :

La Vierge découvre l'Enfant Jésus : un des bergers, les mains croisées sur la poitrine, est en adoration devant lui ; un autre regarde en dehors du tableau et paraît inviter ses compagnons à s'approcher : St Joseph est placé derrière la Vierge. — Demi-figures de grandeur naturelle.

Toile : Haut. 0 m. 93 c. — Larg. 1 m. 28 c.

353. (F.[25]) Portrait du cardinal Jules *Rospigliosi :*

Il fut élu Pape sous le nom de Clément IX. — Ce portrait a été gravé par Picart.

Toile : Haut. 0 m. 64 c. — Larg. 0 m. 48 c.

354. (F.[25]) Le jugement de Pâris. — (Esquisse.)

Toile : Haut. 0 m. 15 c. — Larg. 0 m. 19 c.

355. (F.[25]) Paysage orné de belles fabriques :

Un grand chemin vu de face. Une femme cueille des fleurs ; d'autres figures prennent leur repas auprès d'une fontaine rustique.

Toile : Haut. 0 m. 49 c. — Larg. 0 m. 64 c.

356. (F.[25]) Paysage :

Pays montagneux. Une tour ruinée sur des rochers ; deux voyageurs marchent à grands pas sur un chemin rapide.

Toile : Haut. 0 m. 49 c. — Larg. 0 m. 65 c.

357. (F.[25]) Paysage :

L'entrée d'une ville sur le bord d'un lac. Sur le devant du tableau, trois figures dont l'une se lave les pieds.

Toile : Haut. 0 m. 48 c. — Larg. 0 m. 63 c.

358. (F.[25]) Paysage (pendant du précédent) :

On y voit deux femmes qui jasent auprès d'une fontaine.

Toile : Haut. 0 m. 48 c. — Larg. 0 m. 63 c.

359. (F.[25]) Paysage :

Deux bergers s'entretiennent avec une jeune femme. Une rivière, un bateau avec deux personnes ; plusieurs fabriques dans le fond.

Toile : Haut. 0 m. 71 c. — Larg. 0 m. 96 c.

360. (F.[25]) Étude faite sous une des arcades du Colisée, à Rome :

On voit le temple dit du Soleil et de la Lune, le côté du temple de la Paix, le clocher de Ste Françoise et celui du Capitole dans le fond.

Toile : Haut. 0 m. 16 c. — Larg. 0 m. 32 c.

361. (F.[25]) L'Assomption de la Vierge.

— Copie d'Alphonse du Fresnoy.

Toile : Haut. 0 m. 46 c. — Larg. 0 m. 35 c.

362. (F.[25]) Ethra révèle à Thésée le lieu où étaient cachées les armes de son père Égée.

— Copie de Frédéric Desmarais.

Toile : Haut. 0 m. 44 c. — Larg. 0 m. 57 c.

—

PRETI (**Mathia**), *voyez* **Calabrese.**

—

PRUD'HON (**Pierre-Paul**), *né à Cluny (Saône-et-Loire), mort à Paris le 16 février 1823. — Élève de David.*

363. (V.) Allégorie aux arts et aux sciences :

La Musique. — La Numismatique. — La Poésie légère. — La Diplomatie.

— (Quatre esquisses terminées.)

Bois (chaque esquisse) : Haut. 0 m. 27 c. — Larg. 0 m. 07 c.

PYNAKER (Adam), *né à Pynaker, près de Delft, en 1621, mort en 1673.*

364. (F.[25]) Paysage :

Effet d'une matinée fraîche et vaporeuse. Un grand chemin avec deux arbres sur le bord ; une rivière avec un pont, et une longue chaîne de montagnes. Un paysan avec son âne et autres figures sont arrêtés au milieu du chemin.

Toile : Haut. 0 m. 60 c. — Larg. 0 m. 93 c.

365. (V.) Paysage :

Effet de soleil éclairant un massif de bois. Deux figures sur un chemin.

Bois : Haut. 0 m. 33 c. — Larg. 0 m. 28 c.

—

RANC (Jean), *né à Montpellier en 1674, mort à Madrid en 1735. — Élève de Rigaud.*

366. Portrait de Nicolas Lamoignon de Basville :

Il était intendant de la province de Languedoc en 1685. — Donné par M. *Philippe* Coustou.

Toile : Haut. 1 m. 21 c. — Larg. 0 m. 97 c.

367. (F.[37]) Portrait de Louis XIV.

Toile : Haut. 0 m. 72 c. — Larg. 0 m. 58 c.

—

RAOUX (Jean), *né à Montpellier en 1677, mort à Paris en 1734. — Élève de Ranc le père et de Bon Boullongne.*

368. (G.) Une Vestale portant le feu sacré.

Toile : Haut. 1 m. 03 c. — Larg. 0 m. 79 c.

RAPHAEL (RAFFAELLO SANZIO), *né à Urbin en 1483, mort à Rome en 1520. — Élève de Pietro Vannucci, dit le Pérugin.*

369. (**F.**[37]) Portrait de Laurent de Médicis, duc d'Urbin :

C'est le père de Catherine de Médicis, reine de France ; son père était *Pier de' Medici,* frère de Léon X. Coiffé d'une toque noire il porte un justaucorps de drap d'or et une pelisse rouge foncé, à larges manches ; un bijou d'or est dans sa main droite ; la gauche est appuyée sur le côté ; il a un poignard à sa ceinture. Le fond du portrait est vert. — Ce tableau, de la dernière manière de Raphaël, est peint sur bois ; il est cité par *Vasari,* dans la vie de ce grand peintre. Il en existe deux copies dans la galerie de Florence ; l'original a été égaré pendant plus de deux siècles ; il a été heureusement retrouvé à Florence, en 1826, et c'est la description de ce même tableau original que l'on vient de lire.

Bois : Haut. 0 m. 98 c. — Larg. 0 m. 74 c.

370. (**F.**[25]) Portrait d'un jeune homme d'environ 21 ans :

Il porte sur la tête une toque noire : ses longs cheveux blonds sont coupés à la hauteur des épaules. Sa veste noire est nouée sur la poitrine avec un ruban de même couleur ; son manteau pareillement noir, est jeté sur l'épaule gauche et retenu par sa main droite. — Ce beau portrait, peint sur bois, est de la seconde manière de Raphaël.

Bois : Haut. 0 m. 61 c. — Larg. 0 m. 51 c.

371. (**G.**) St Michel combat et terrasse le démon.

Belle copie du superbe tableau qui existe à Paris dans le Musée royal, et que Raphaël peignit pour

François Ier, en 1518. — L'auteur de cette copie est inconnu.

Toile : Haut. 2 m. 62 c. — Larg. 1 m. 63 c.

372. (**F.**25) La Vierge, l'Enfant Jésus et St Jean :

Ce tableau est connu sous le nom de la *Madonna della Seggiola*. Très-belle copie de *F.-X.* Fabre, fondateur du Musée.

Toile, rond : 0 m. 73 c. de diamètre.

373. La Transfiguration.

Copie attribuée à Jules Romain. — Ce tableau a été légué au Musée-Fabre par M. Curée, de Pézenas, ex-sénateur de l'Empire.

Toile : Haut. 0 m. 86 c. — Larg. 0 m. 61 c.

—

REGNAULT (**Jean-Baptiste**), *né à Paris, en 1754, mort en 1829. — Élève de M. Bardin.*

374. (**F.**37) Une tête de vieillard à barbe blanche.

Toile : Haut. 0 m. 60 c. — Larg. 0 m. 46 c.

375. (**F.**37) Autre tête de vieillard à barbe blanche :

Il a les yeux tournés vers le ciel.

Toile : Haut. 0 m. 58 c. — Larg. 0 m. 48 c.

376. (**F.**37) Figure académique :

Elle est debout, vue de face.

Ce tableau ne fait plus partie de la galerie du Musée. Il sert de modèle à l'école de peinture.

Toile : Haut. 0 m. 51 c. — Larg. 0 m. 40 c.

—

REINHART, *peintre Allemand, établi à Rome.*

377. (**F.**25) Paysage en hauteur :

Vue de la grotte des Sirènes à *Tivoli*.

Toile : Haut. 0 m. 67 c. — Larg. 0 m. 50 c.

RÉMOND (**Jean-Charles**), *né à Paris en 1793. — Élève de MM. Bertin et Regnault. — En 1822 il a remporté le grand prix de paysage historique.*

378. (G.) Un grand paysage : (La mort d'Abel.)

Le site représente un pays montagneux ; à droite, un orage accompagné d'éclairs : dans le lointain, un torrent tombe à pic de hautes montagnes, et vient, après avoir sillonné la vallée, se précipiter dans un étroit ravin des premières lignes du tableau ; plus loin, une averse ; sur le devant, un gros chêne ; et à gauche, l'on voit le tronc desséché d'un vieux hêtre. — Au premier plan, Abel, frappé à mort par son frère, est étendu au pied de l'autel où brûle la victime agréable à Dieu. — Caïn, dont le Seigneur repousse le sacrifice, s'enfuit dans un sentier obscur de la forêt.

Toile : Haut. 2 m. 65 c. — Larg. 4 m. 00 c.

—

RENI, *voyez* **GUIDO RENI**.

—

RESCHI (**Pandolfo**), *né à Dantzick. — Il vint très-jeune à Rome, où il chercha à imiter le le style du Bourguignon : il y mourut à l'âge de 56 ans ; on ignore dans quelle année.*

379. (F.[25]) Une bataille :

Le groupe principal représente un choc de cavalerie. On voit dans le lointain une ferme embrasée.

Toile : Haut. 0 m. 58 c. — Larg. 1 m. 45 c.

REYNOLS (**Joshua**).

380. (V.) Le petit Samuel :

Samuel dormant dans le temple, fut appelé quatre fois par le Seigneur. — A genoux, les mains jointes et vêtu d'une simple tunique de lin, il écoute avec une émotion mêlée d'étonnement et de crainte, la voix puissante du Dieu des armées.

Toile : Haut. 0 m. 89 c. — Larg. 0 m. 70 c.

—

RIBERA, *voyez* **ESPAGNOLET** (**L'**).

—

RICCIARELLI, *voyez* **DANIEL DE VOLTERRE**.

—

RIGAUD (**Hyacinthe**), *né à Perpignan en 1659, mort à Paris en 1743. — Élève de Ranc le père.*

381. (C.) Portrait de l'auteur.

Toile : Haut. 0 m. 79 c. — Larg. 0 m. 63 c.

—

RIVE (**DE LA**), *de Genève.*

382. (F.25) Paysage :

Deux vaches et deux chèvres sont au pâturage; une femme porte un paquet de linge sur la tête.

Bois : Haut. 0 m. 39 c. — Larg. 0 m. 33 c.

—

ROBERT (**Hubert**), *né à Paris en 1733, mort en 1808. — Il n'a point eu de maître.*

383. (F.37) Paysage :

Un grand pont d'une seule arche; sur le devant, quelques figures avec des animaux.

Toile : Haut. 0 m. 76 c. — Larg. 1 m. 04 c.

ROGHMAN (**Roelan**), *né à Amsterdam en 1597, mort en 1685.*

384. (**F.**[37]) Paysage :

Un coup de soleil éclaire le second plan du tableau ; on voit à droite une chute d'eau avec un pont de bois. Des fabriques sur une élévation se dessinent en vigueur sur un ciel clair ; au premier plan, deux mulets avec leurs conducteurs.

Toile : Haut. 0 m. 87 c. — Larg. 1 m. 17 c.

—

ROSSELLI (**Matteo**), *né à Florence en 1578, mort dans la même ville en 1650. — Élève de Gregorio Pagani.* (École Florentine.)

385. (**F.**[37]) Saint Antoine, abbé :

Il tient de la main droite son bâton et sa clochette de bronze ; la gauche est posée sur sa poitrine.

Toile, forme ronde : 0 m. 80 c. de diamètre.

386. (**F.**[25]) Une tête de vieillard.

Bois : Haut. 0 m. 27 c. — Larg. 0 m. 20 c.

—

RUBENS (**Pierre-Paul**), *né à Cologne en 1577, mort à Anvers en 1640. — Élève d'Otto Vænius.* (Chef de l'École Flamande).

387. (**F.**[25]) Le Christ en croix :

Le ciel est orageux et le soleil éclipsé : la Magdeleine, vue à mi-corps, tient la croix étroitement embrassée ; ses yeux, remplis de larmes, sont fixés sur le Sauveur expirant.

Bois : Haut. 1 m. 13 c. — Larg. 0 m. 61 c.

388. (V.) Paysage mêlé de ruines et monumens antiques : nymphes, pâtres et bestiaux.

Bois : Haut. 0 m. 33 c. — Larg. 0 m. 56 c.

389. (V.) Épisode d'une guerre de religion. — (Esquisse.)

Bois : Haut. 0 m. 50 c. — Larg. 0 m. 67 c.

390. (C.) Portrait de François Franck, peintre de la ville d'Anvers :

Il porte la barbe et des moustaches : il est vêtu de noir, avec un collet blanc. — De la main droite il retient le manteau fermé sur sa poitrine.

Bois, ovale : Haut. 0 m. 61 c. — Larg. 0 m. 47 c.

—

RUYSDAEL (Jacques), *né à Harlem en 1640, mort à Amsterdam en 1681 : on croit qu'il n'a pas eu de maître.*

391. (F.[25]) Paysage :

Une rivière forme une cascade vers le milieu du tableau ; des champs cultivés à gauche et une maison rustique sur la cime d'un rocher couronné d'arbres.— Les figures sont très-petites pour la proportion du tableau.

Toile : Haut. 0 m. 44 c. — Larg. 0 m. 57 c.

392. (V.) Paysage :

Effet de temps couvert ; site d'après nature : un arbre isolé et dépouillé de ses feuilles.

Bois : Haut. 0 m. 24 c. — Larg. 0 m. 20 c.

393. (V.) Paysage :

Tableau représentant une forêt, une rivière, des rochers, une cascade, etc.

Toile : Haut. 0 m. 57 c. — Larg. 0 m. 66 c.

SALIMBENI, dit **Il Bevilacqua** (**Ventura**), *né à Sienne en 1557, mort en 1617.* — *Élève de son père.* (École de Sienne.)

394. (**F.**[25]) Une tête de Vierge entourée de rayons d'or.

Bois, ovale : Haut. 0 m. 19 c. — Larg. 0 m. 14 c.

—

SALVATOR ROSA, *né à Naples en 1615, mort en 1673.* — (École Napolitaine.)

395. (**F.**[25]) Marine :

A droite, de grands rochers qui forment une voûte naturelle; sur le devant, plusieurs barques et des pêcheurs.

Toile : Haut. 0 m. 47 c. — Larg. 0 m. 64 c.

396. (**F.**[25]) Paysage :

Site sauvage. Des arbres presque secs ont leur racine dans les fentes de grands rochers ; trois figures sur le devant, dont l'une retire un filet.

Toile : Haut. 0 m. 64 c. — Larg. 0 m. 77 c.

397. (**F.**[26]) Plusieurs nymphes au bain devant une grotte :

Sur le second plan, une danse de satyres et de jeunes femmes.

Toile : Haut. 0 m. 62 c. — Larg. 0 m. 86 c.

398. (**F.**[25]) Paysage :

Les figures représentent Tobie qui retire le poisson de l'eau par ordre de l'Ange qui l'accompagnait dans son voyage.

Toile : Haut. 0 m. 73 c. — Larg. 0 m. 57 c.

399. (**F.**[25]) Une marche de cavalerie.

Toile : Haut. 0 m. 45 c. — Larg. 0 m. 36 c.

400. (**F.**[37]) Diogène brise sa tasse comme un meuble inutile, en voyant un jeune homme qui buvait dans le creux de sa main.

Toile : Haut. 1 m. 28 c. — Larg. 0 m. 76 c.

SALVI, *voyez* **SASSOFERRATO.**

SANTI DI TITO TITI, *né à Borgo San Sepolcro, en Toscane, en 1538, mort en 1603. — Élève d'abord de Bastiano da Monte Carlo, puis d'Angelo Bronzino et de Baccio Bandinelli.* (École Florentine.)

401. (**F.**[25]) Le Christ sur la Croix.

Bois : Haut. 0 m. 35 c. — Larg. 0 m. 26 c.

SASSOFERRATO (Giovan Battista SALVI DA), *né en 1605, mort en 1685.* (École Romaine.)

402. (**F.**[25]) La Sainte Vierge en oraison :

Elle a les mains jointes et la tête couverte d'un grand voile blanc.

Toile : Haut. 0 m. 74 c. — Larg. 0 m. 59 c.

403. (**F.**[37]) Une jeune Vierge martyre :

Elle tient à la main des tenailles qui serrent une dent.

Toile : Haut. 0 m. 47 c. — Larg. 0 m. 37 c.

404. (**F.**[25]) La Sainte Vierge.

Copie très-soignée et peinte sur une lame d'argent, d'un tableau grec qui se voit à Rome, dans l'église de l'*Ara-Cœli*.

Lame d'argent : Haut. 0 m. 10 c. — Larg. 0 m. 08 c.

405. (**F.**[25]) Autre Sainte Vierge.

C'est la copie d'un autre tableau grec qui est dans l'église de *Santa Maria-Maggiore*, à Rome; celle-ci représente la Vierge tenant dans ses bras l'Enfant Jésus, vêtu d'une longue tunique et portant un livre.

Lame d'argent : Haut. 0 m. 10 c. — Larg. 0 m. 08 c.

—

SAUVAGE. *On n'a pu se procurer aucun renseignement positif sur ce peintre.*

406. (**F.**[37]) Une Bacchanale d'enfans.

Bas-relief imitant le bronze.

Bois : Haut. 0 m. 21 c. — Larg. 0 m. 36 c.

—

SCHEFFER (Henri), *artiste vivant.*

407. (**C.**) Portrait de M. Collot.

M. Collot a fondé, en faveur du Musée, une rente de 1,000 fr. pour l'achat de tableaux.

Toile : Haut. 1 m. 13 c. — Larg. 0 m. 82 c.

—

SCHIDONE ou **SCHEDONE** (**Bartolommeo**), *né à Modène en 1560, mort à Parme en 1615.* (École de Parme.)

408. (**F.**[25]) Une Sainte Famille :

La Vierge tient l'Enfant Jésus debout sur une pierre : Saint Joseph, vu de profil, est appuyé sur un bâton.

Toile : Haut. 1 m. 08 c. — Larg. 0 m. 88 c.

409. (**F.**^{25}) Autre Sainte Famille :

La Vierge, Jésus, Saint Jean et Saint Joseph dans un paysage.

Bois : Haut. 0 m. 29 c. — Larg. 0 m. 39 c.

—

SCHOWAERT (N.). *On ne connaît aucun détail sur la vie de ce peintre.*

410. (**F.**^{25}) Paysage :

Un chariot vient de se renverser; une femme a roulé par terre; plusieurs personnes viennent à son secours.

Toile : Haut. 0 m. 57 c. — Larg. 0 m. 83 c.

—

SÉBASTIEN DEL PIOMBO (Fra Bastiano Luciano, dit), *né à Venise en 1485, mort à Rome en 1547. — Élève de Jean Bellin et du Giorgion.* (École Vénitienne.)

411. (**F.**^{37}) Portrait d'un sculpteur :

Il a la barbe brune, une toque noire sur la tête, un collet blanc et tout le reste de son vêtement noir; il tient une petite statue. C'est peut-être le portrait d'un antiquaire.

Ardoise, ovale : Haut. 0 m. 68 c. — Larg. 0 m. 51 c.

—

SEGHERS (Gérard), *né à Anvers vers 1589, mort dans la même ville en 1651. — Élève de Van Baelen.* (École Flamande.)

412. (**F.**^{25}) Saint André tenant deux poissons.

Toile : Haut. 0 m. 58 c. — Larg. 0 m. 47 c.

SODOMA (**Giovan Antonio RAZZI da VERCELLI, dit LE**), *né en 1479, mort en 1554. — Élève de Giacomo della Fonte.*

413. (**F.**[25]) La Vierge, l'Enfant Jésus et St Jean.

Bois : Haut. 0 m. 20 c. — Larg. 0 m. 17 c.

—

STEEN (**Jean**), *né à Leyde en 1636, mort en 1689. — Élève de Kunpfer, de Bauwer et de Van Goyen.* (École Hollandaise.)

414. (**V.**) Le repos du voyageur :

Sous une treille, assis sur une tonne, un voyageur a demandé à boire. — Accoudé du bras droit sur la table, à la main gauche tenant une gaule, il regarde d'un air agaçant et goguenard la jeune et blonde fille du logis, qui lui verse et lui sert un verre de vin.

Bois : Haut. 0 m. 54 c. — Larg. 0 m. 40 c.

415. (**V.**) Intérieur d'appartement Hollandais, avec repas et scènes familières :

Au milieu d'un salon richement décoré on voit une table couverte d'un tapis de Turquie. — Sur ce tapis sont divers fruits, un couteau, des huîtres, une théière, etc. — Un peu à l'écart, une dame, à physionomie aimable, se penche sur le côté droit de son fauteuil, et retournant la tête, elle étend le bras gauche vers un vieux serviteur, et lui présente un verre de cristal dans lequel celui-ci verse, avec respect, une liqueur dorée, etc.

Toile : Haut. 0 m. 87 c. — Larg. 0 m. 79 c.

—

STEENWYCK LE FILS (Henri Van), *né à Amsterdam en 1589, mort en Angleterre. — Élève de son père.* (École Hollandaise.)

416. (F.[25]) Intérieur d'une salle gothique :

Des soldats se chauffent auprès d'une grande cheminée. On aperçoit dans le fond St Pierre délivré de prison par un Ange. Effet de nuit.

Cuivre : Haut. 0 m. 14 c. — Larg. 0 m. 18 c.

—

STORCK (Abraham), *né à Amsterdam vers 1650. On ne connait pas l'époque de sa mort.*

417. (†) Vue d'un port de mer :

Les vagues de l'Océan baignent les pieds d'une chaussée qui conduit à une place publique. Sur cette place, où l'on voit une multitude de petites figures, s'élève une église. — A gauche, dans les eaux transparentes de la chaussée, stationne une barque à voile latine, et des chaloupes transportent des marchandises. — Plus loin un lougre cargue sa voile. — Encore un peu plus loin un vaisseau à deux ponts, arborant pavillon amiral Hollandais, vient d'appareiller et salue, par un coup de canon, un autre vaisseau qui entre dans le port; on ne voit que la poupe et le mât d'artimon de celui-ci.

Toile : Haut. 0 m. 36 c. — Larg. 0 m. 48 c.

—

SUBLEYRAS (Pierre), *né à Uzès en 1699, mort à Rome en 1749. — Élève de son père.*

418. (C.) Des pénitens invoquent St Étienne et St François, assis sur des nuages.

Toile : Haut. 0 m. 40 c. — Larg. 0 m. 30 c.

SWANEVELT, dit **Herman d'Italie** (**Herman**), *né à Woerden en 1620, mort à Rome en 1690. — Élève de Claude Lorrain.*

419. (F.[25]) Paysage :

Une hôtellerie placée au milieu de grands arbres; des voyageurs y arrivent avec leurs chevaux : un homme et une femme sont assis sur le devant du tableau.

Toile : Haut. 1 m. 19 c. — Larg. 1 m. 66 c.

420. (F.[25]) Paysage :

Un grand arbre peu feuillé au milieu du tableau ; sur le devant un homme assis par terre remet son soulier ; plus loin deux figures avec un âne.

Toile : Haut. 0 m. 49 c. — Larg. 0 m. 74 c.

421. (F.[37]) Paysage (pendant du précédent) :

Sur le milieu du chemin un paysan, monté sur un mulet, en conduit un second par la bride.

Toile : Haut. 0 m. 49 c. — Larg. 0 m. 74 c.

—

SWEBACH le père, dit **Fontaine**.

422. (V.) Cavalcade et promenade en calèche. (Tableau en forme de frise.)

Bois : Haut. 0 m. 26 c. — Larg. 0 m. 59 c.

—

SYLVESTRE (**Louis**), *né en 1675, à Paris, où il est mort en 1760. — Élève de Bon Boullongne.*

423. (G.) Prométhée animant sa statue avec le feu du ciel.

Toile : Haut. 1 m. 42. c. — Larg. 1 m. 79 c.

TAUNAY (**Nicolas-Antoine**), *né à Paris, où il est mort en 1830. — Élève de Casanova.*

424. (V.) Des paysans jouent aux boules sur une place publique :

L'un d'eux mesure le point.

Bois : Haut. 0 m. 12 c. — Larg. 0 m. 21 c.

425. (V.) Fête de village :

Des paysans jouent, les uns aux boules, les autres aux cartes.

Bois : Haut. 0 m. 12 c. — Larg. 0 m. 21 c.

426. (V.) Les bergers au repos.

Bois : Haut. 0 m. 36 c. — Larg. 0 m. 45 c.

—

TEMPEL (**Abraham Van den**), *né à Leyde vers 1618, mort à Amsterdam en 1672. — Élève de George Van Schooten.* (École Hollandaise.)

427. (F.[37]) Portrait d'une dame Hollandaise :

Elle est vêtue de noir et dans le costume de ce temps.

Toile : Haut. 0 m. 91 c. — Larg. 0 m. 79 c.

—

TENIERS LE JEUNE (**David**), *né à Anvers en 1610, mort à Bruxelles en 1694. — Élève de son père et d'Adrien Brauwer.* (École Flamande.)

428. (V.) Paysage connu et gravé sous le nom du *Grand Château de Teniers.*

Les figures principales sont l'auteur, sa femme et le jeune Van Thulden.

Toile : Haut. 0 m. 77 c. — Larg. 1 m. 11 c.

429. (V.) *Kermesse* ou Fête de village :

Cinq groupes de paysans sont distribués dans la partie gauche du tableau ; à droite, se déploient les divers plans d'un lointain paysage. — Le premier de ces groupes est composé de quatre figures qui dansent au son de la vielle et du triangle. — Cinq autres figures sont à table : un pauvre homme, appuyé sur un bâton, s'approche de celles-ci et semble leur demander l'aumône, que l'un des convives se dispose à lui donner. — Devant la porte du cabaret, quatre autres figures, debout et en rond, paraissent s'entretenir des nouvelles du jour. — Plus loin, sous un toit de chaume, une réunion bruyante de villageois et villageoises faisant un repas. — Enfin, à droite, quatre autres figures, parmi lesquelles un vieux paysan, à mine grivoise, vient par derrière dire un petit mot à l'oreille d'une jeune fille, et lui passer la main sous le menton.

Bois : Haut. 0 m. 42 c. — Larg. 0 m. 57 c.

430. (F.[37]) Paysage :

Sur une grande route, entre deux massifs de rochers, un paysan, un petit garçon et une Bohémienne sont arrêtés. — Au premier plan, à gauche, on voit quatre autres figures de Bohémiens. — De l'autre côté, sur des rochers jaunâtres, s'élève un château.

Bois : Haut. 0 m. 33 c. — Larg. 0 m. 45 c.

431. (F.[37]) Paysans et noce de village :

Plusieurs paysans boivent et fument sur le devant d'une hôtellerie ; un d'eux est endormi par terre : plus loin arrive une noce précédée d'un joueur de musette.

Bois : Haut. 0 m. 26 c. — Larg. 0 m. 35 c.

432. (F.[25]) Des paysans jouent à la boule.

Bois : Haut. 0 m. 17 c. — Larg. 0 m. 18 c.

433. (**F.**[25]) Paysage :

On y voit trois figures, dont deux sont debout, et la troisième, assise, noue les cordons de son soulier.

Bois : Haut. 0 m. 16 c. — Larg. 0 m. 24 c.

434. (**V.**) Le concert champêtre.

Composition de trois figures dans un paysage.

Bois, forme ovale : Haut. 0 m. 30 c. — Larg. 0 m. 23 c.

435. (**V.**) Le Bohémien blessé.

Figure se détachant sur un fond clair.

Bois : Haut. 0 m. 19 c. — Larg. 0 m. 13 c.

436. (**V.**) Un mendiant.

Bois : Haut. 0 m. 19 c. — Larg. 0 m. 13 c.

437. (**V.**) Un fumeur :

Il tient sa pipe d'une main et de l'autre un pot de bière.

Bois : Haut. 0 m. 21 c. — Larg. 0 m. 16 c.

438. (**V.**) Une tabagie (*l'Homme au chapeau blanc*) :

Cinq fumeurs autour d'une petite table. — L'un d'eux, ayant posé son chapeau blanc sur le dossier de sa chaise, tranche à morceaux un reste de carotte de tabac dont il régale ses compagnons. — Un autre, mettant sa pipe à la bouche et la regardant fixement, aspire les premières pipées de fumée, et va décider de la suavité du parfum. — Un troisième bourre la sienne, tandis que son voisin, ayant mis le feu à une allumette, attend que le soufre ait brûlé pour l'approcher de la pipe qu'il tient à la main. — Sur ces entrefaites arrive un cinquième fumeur, curieux d'assister à cette agréable expérience. — Dans le fond, un groupe de buveurs.

Bois : Haut. 0 m. 48 c. — Larg. 0 m. 69 c.

439. (V.) Autre tabagie (*l'Homme à la cruche de grès*) :

Autre groupe de cinq fumeurs au premier plan. — Assis sur un escabeau, un paysan, dont la vue est obscurcie par les vapeurs de la boisson, se courbe et cherche à poser à terre une cruche de grès. — En face de lui, un fumeur à qui il a versé à boire, ôtant sa pipe de la bouche et relevant la tête, fait filer du bout des lèvres une bouffée de fumée et se prépare à vider avec délectation, le verre de bière qu'il tient en l'air. — Dans le fond, auprès d'une cheminée, des paysans se chauffent, fument et jouent aux cartes.

Bois : Haut. 0 m. 37 c. — Larg. 0 m. 59 c.

—

TERBURG (**Gérard**), *né à Zwol en 1608, mort à Deventer en 1681. — Élève de son père.* (École Hollandaise.)

440. (V.) Jeune fille Hollandaise versant de la liqueur dans un verre :

Une blonde et jeune soubrette, à barrette rousse et casaquin gris, prépare en riant, pour un mitron, un dernier verre de vin qu'elle verse dans un gobelet de cristal. — Celui-ci, que de nombreuses libations ont déjà plongé dans l'ivresse, est pesamment accoudé sur une table, et sa tête est si lourdement tombante sur les bras, que les traits du visage en sont déformés.

Bois : Haut. 0 m. 33 c. — Larg 0 m. 26 c.

—

TESTA (**Pietro**), *né à Lucques en 1611. Il fut trouvé noyé dans le Tibre en 1650. — Il fré-*

quenta d'abord l'école du Dominiquin, et passa ensuite dans celle de Pietro da Cortona.

441. (F.[25]) L'Adoration des Mages :

Sous un portique ruiné, d'architecture corinthienne, les trois Mages, suivis d'un nombreux cortége de serviteurs, de chevaux et de chameaux, offrent des présens à l'Enfant Jésus. On voit en l'air, entourée d'Anges et resplendissante de clarté, l'étoile miraculeuse qui les guida dans leur voyage. — Ce tableau a été gravé à l'eau-forte par *Pietro Testa*, et c'est une des plus belles estampes de son œuvre.

Toile : Haut. 1 m. 34 c. — Larg. 0 m 95 c.

442. (F.[25]) L'Annonciation :

Un Ange, une tige de lis à la main, apporte à Marie les volontés du ciel.

Toile : Haut. 1 m. 29 c. — Larg. 0 m. 94 c.

—

THÉAULON (Étienne), *né à Aigues-Mortes en 1739, mort à Paris en 1781.*

443. (F.[37]) De jeunes filles sortent du bain et remettent leurs habits :

Une colonnade demi-circulaire entoure une source qui forme un grand bassin. — Dans le fond, une allée d'arbres en berceau.

Toile : Haut. 0 m. 35 c. — Larg. 0 m. 47 c.

—

TITIEN (Tiziano VECELLI), *né à Cadore en 1477, mort à Vénise en 1576. — Élève d'abord de*

Giovanni Bellini et ensuite du Giorgione. (École Vénitienne.)

444. (F.[37]) Portrait d'un vieillard chauve et à barbe blanche :

Il est vêtu de noir avec un collet garni de dentelles.

Toile : Haut. 0 m. 61 c. — Larg. 0 m. 51 c.

—

TRÉMOLLIÈRE (**Pierre-Charles**), *né à Cholet, en Poitou, en 1703, mort à Paris en 1739. — Élève de Jean-Baptiste Vanloo.*

445. (G.) Ulysse naufragé aborde dans l'île de Calypso.

C'est sur ce tableau que Trémollière fut reçu membre de l'Académie de peinture.

Toile : Haut. 1 m. 68 c. — Larg. 1 m. 98 c.

—

TROY LE PÈRE (**François** DE), *né à Toulouse en 1645, mort à Paris en 1730. — Élève de Nicolas Loir.*

446. (†) Sous une grotte, dans l'île de Naxos, Ariadne reçoit avec complaisance les consolations de Bacchus :

Des Amours portent en l'air des guirlandes de pampre et de raisin dont ils vont les entourer : on voit dans le lointain, le vaisseau qui emporte l'infidèle Thésée ; sur le devant un satyre exprime le jus d'une grappe de raisin dont il abreuve un jeune enfant qui le reçoit avec avidité, tandis qu'un autre en réclame sa part.

Toile : Haut. 1 m. 61 c. — Larg. 1 m. 28 c.

447. (G.) Apollon et Diane percent de leurs flèches les enfans de Niobé.

Toile : Haut. 1 m. 93 c. — Larg. 1 m. 61 c.

VANDERBURCH (André), *né à Montpellier, mort à Paris en 1804.*

448. Paysage :

Sur le premier plan à droite, un grand arbre au pied duquel un homme assis cause avec un voyageur; à gauche, un ruisseau. Sur le second plan, une fabrique au milieu de grands arbres.

Ce tableau a été donné par M. Levat.

Toile : Haut. 0 m. 74 c. — Larg. 0 m. 99 c.

449. (F.[25]) Paysage :

Un chemin qui passe sous une tour; une rivière sur le second plan, et un arbre sur le devant.

Toile : Haut. 0 m. 32 c. — Larg. 0 m. 52 c.

450. (F.[25]) Paysage (pendant du précédent) :

On voit, sur le devant, un ruisseau qui serpente au pied d'un groupe d'arbres.

Toile : Haut. 0 m. 33 c. — Larg. 0 m. 52 c.

VANLOO (Carle), *né à Nice en 1705, mort à Paris en 1765. — Élève de Benedetto Luti.*

451. (F.[37]) Le Samaritain :

« Un homme qui descendait de Jérusalem à Jéricho, tomba entre les mains des voleurs qui le dépouillèrent, le couvrirent de plaies et s'en allèrent, le laissant à demi-mort. — Il arriva ensuite qu'un Prêtre de la Synagogue descendait par le même chemin lequel l'ayant aperçu, passa outre. — Un Lévite qui vint aussi au même lieu l'ayant considéré, passa outre encore. — Mais un Samaritain, passant son chemin, vint à l'endroit où était cet homme, et l'ayant vu, il en fut touché de compassion. — Il s'approcha donc de lui, il versa de l'huile et du vin dans ses plaies et les banda; et l'ayant mis sur son cheval, il le mena dans l'hôtellerie et eut soin de lui. »

Toile : Haut. 0 m. 53 c. — Larg. 0 m. 44 c.

—

VANNI (**François**), *né en 1563, à Sienne, où il est mort en 1609. — Élève de Salimbeni.* (École Florentine.)

452. (F.[37]) L'Enfant Jésus porté par deux Anges.

Toile : Haut. 0 m. 36 c. — Larg. 0 m. 26 c.

—

VANNUCCHI, *voyez* **ANDRÉ DEL SARTO.**

—

VANSPAENDONCK (**Gérard**), *peintre de fleurs, né à Tilbourg (Hollande), et mort à Paris en avril 1822.*

453. (V.) Grappe de raisin noir, peinte sur marbre blanc.

Marbre : Haut. 0 m. 26 c. — Larg. 0 m. 20 c.

—

VEERENDAEL (**Nicolas**), *naquit et mourut à Anvers : on ignore à quelle époque.*

454. (F.[37]) Un vase de fleurs :

Une table à demi couverte d'un tapis de velours, bordé d'une frange d'or et d'argent, sur laquelle on voit un bocal en verre à moitié rempli d'eau. — Dans ce bocal un superbe bouquet de fleurs composé de roses, d'œillets, de boules de neiges, d'une anémone, de deux belles tulipes, d'un pavot rouge, de quelques liserons, de framboises, etc. — Le bocal réfléchit le vitrage d'une fenêtre et réfracte les rayons du jour. — Auprès du bocal sont placées, d'un côté, deux pèches, de l'autre, une montre ancienne en cuivre jaune. — Le tout est orné de plusieurs papillons, d'une chenille, d'un limaçon et d'autres insectes qui font illusion par la vérité de leurs mouvemens naturels. — Le bouquet se détache sur un fond brun.

Ce tableau est signé et porte la date de 1672.

Toile : Haut. 0 m. 61 c. — Larg. 0 m. 47 c.

—

VELDE (**Adrien Van den**), *né à Amsterdam en 1639, mort en 1672.*

455. (V.) Paysage, ruines, figures et animaux.

Bois : Haut. 0 m. 32 c. — Larg. 0 m. 27 c.

—

VELDE (**Guillaume Van den**), *né à Amsterdam en 1663, mort à Londres en 1707.*

456. (V.) Une Marine (connue sous le nom de *la Petite Flotte*).

Bois : Haut. 0 m. 46 c. — Larg. 0 m. 63 c.

—

VENUSTI (**Marcello**), *né à Mantoue, mort à Rome, vers la fin du XVIe siècle.*

457. Le corps de Jésus mis dans le sépulcre :

Au milieu du tableau, Joseph d'Arimathie, Nicodème et leurs serviteurs descendent le corps de Jésus dans le sépulcre.— A gauche, Marie-Magdeleine et ses femmes succombent à la plus vive affliction. — De l'autre côté, la mère du Sauveur est plongée dans la plus profonde tristesse, ses genoux fléchissent, ses bras pendent, sa tête tombe sur sa poitrine, mais elle est soutenue par St Jean-Baptiste et par d'autres femmes, suivies d'une foule de peuple.

Ce tableau a été légué au Musée par M. Curée, de Pézenas, ex-Sénateur de l'Empire.

Cuivre : Haut. 0 m. 60 c. — Larg. 0 m. 40 c.

—

VERNET (**Claude-Joseph**), *né à Avignon en 1714, mort à Paris en 1789. — Élève de son père ; il reçut à Rome des leçons de Locatelli.*

458. (**F.**37) Paysage :

Un pont sur une grande rivière, une foire dans le lointain ; sur le devant, des matelots débarquent différentes marchandises ; on y voit plusieurs figures dont trois à cheval.

Toile : Haut. 0 m. 97 c. — Larg. 1 m. 62 c.

459. (**F.**25) **Tempête :**

Sur le devant, à gauche, on voit une femme évanouie à laquelle on donne du secours : un matelot jette une corde à un naufragé qui cherche à se sauver à l'aide d'un tonneau. A droite, une chaloupe est sur le point de s'engloutir ; plusieurs marins retirent des flots les débris d'un vaisseau naufragé, et dans le fond un autre vaisseau est battu par la tempête.

Toile : Haut. 0 m. 81 c. — Larg. 1 m. 28 c.

460. (**F.**25) **Marine :**

Soleil couchant par un temps de brouillard et un grand calme. Sur le devant du tableau et vers le milieu, des pêcheurs retirent leurs filets ; à gauche, une chaloupe à sec, et sur la droite, un chemin avec un grand nombre de figures : dans le fond une tour et de grands rochers.

Toile : Haut. 0 m. 81 c. — Larg. 1 m. 28 c.

461. (V.) Marine :

Effet de soleil ; vue d'une partie de la Méditerranée, barque et figures de pêcheurs ; rochers sur la rive.

Toile : Haut. 0 m. 57 c. — Larg. 1 m. 03 c.

—

VIEN (**Joseph-Marie**), *né à Montpellier en 1716, mort à Paris en 1809. — Élève de Giral et de Natoire.*

462. (F.37) Un Vieillard endormi :

Il repose sa tête sur la main gauche.

Toile, ovale : Haut. 0 m. 64 c. — Larg. 0 m. 51 c.

463. (†) St Jean-Baptiste dans le désert.

Toile : Haut. 3 m. 21 c. — Larg. 1 m. 59 c.

464. (G.) St Grégoire-le-Grand :

Il est assis et en habits pontificaux ; il contemple le Saint-Esprit, qui lui apparaît entouré de Chérubins.

Toile : Haut. 1 m. 82 c. — Larg. 2 m. 51 c.

465. (F.37) Figure académique.

Toile : Haut. 0 m. 73 c. — Larg. 0 m. 97 c.

466. (F.25) L'enlèvement d'Europe :

Jupiter, sous la forme d'un taureau, se laisse caresser et parer de guirlandes de fleurs par la belle Europe, fille d'Agénor, Roi de Phénicie, par deux de ses compagnes et par l'Amour. — Copie de F.-X. FABRE.

Toile : Haut. 0 m. 52 c. — Larg. 0 m. 69 c.

—

VINCENT (François-André), *né à Paris en 1747, où il est mort en 1806. — Élève de Vien.*

467. (C.) St Jérôme :

Le Saint, assis dans une grotte, est occupé à traduire de l'hébreu en latin, l'ancien testament (*la Vulgate*); tout à coup il croit entendre la trompette du jugement dernier. — A ce bruit St Jérôme lève la tête, laisse échapper sa plume, et sa main entr'ouverte, élevée en l'air, exprime avec noblesse le sentiment de la surprise. — A droite, porté sur un nuage, apparaît l'Ange, annonçant celui qui doit juger les vivants et les morts.

Toile : Haut. 1 m. 77 c. — Larg. 2 m. 41 c.

468. (F.[37]) Bélisaire demandant l'aumône :

Toile : Haut. 0 m. 98 c. — Larg. 1 m. 29 c.

469. (F.[37]) Alcibiade, Socrate et son bon Génie.

Toile : Haut. 0 m. 98 c. — Larg. 1 m. 29 c.

470. (F.[37]) St Jérôme croit entendre la trompette du jugement dernier.

C'est l'esquisse, sauf quelques changemens, du tableau n° 467.

Toile : Haut. 0 m. 44 c. — Larg. 0 m. 53 c.

471. (F.[37]) Tête de vieillard, de grandeur colossale.

Toile : Haut. 0 m. 73 c. — Larg. 0 m. 60 c.

VOOGD (**Henri**), *Hollandais, établi à Rome.*

472. (**F.**[25]) Paysage au soleil couchant :

Une chaîne de montagnes dans la vapeur ; de grands arbres à droite ; une rivière que des bœufs et différentes figures passent à gué.

Toile : Haut. 0 m. 99 c. — Larg. 1 m. 31 c.

473. (**F.**[28]) Paysage en hauteur avec des animaux.

Toile : Haut. 0 m. 46 c. — Larg. 0 m. 38 c.

—

VOUET (**Simon**), *né à Paris en 1582, mort dans la même ville en 1641. — Élève de son père.*

474. (**F.**[37]) La Prudence se contemple dans un miroir que trois Nymphes lui présentent :

Un serpent est entortillé à son bras droit ; le Temps la considère avec admiration ; un Génie la couronne.

Toile : Haut. 1 m. 14 c. — Larg. 0 m. 89 c.

—

WATELET (**Louis-Étienne**), *né à Paris en 1780, n'eut d'autres maîtres que la nature et l'amour de son art.*

475. (**C.**) Un petit Paysage :

Entre deux massifs d'arbres revêtus de leurs feuilles printanières, la vue s'échappe sur un lointain composé de montagnes d'azur. — Au second plan, un superbe ormeau élance sa tête vers le ciel ; ses branches inférieures, détachées du bouquet principal, se balancent et semblent vouloir se pencher vers le sol qu'arrose l'eau d'une fontaine rustique. — Au premier plan, à gauche, les abords d'une forêt de chênes côtoyée par un sentier où tombent quelques rayons du soleil. — Figures et animaux.

Toile : Haut. 0 m. 23 c. — Larg. 0 m. 31 c.

—

WÉENIX ou WÉENINX LE FILS (Jean), *né à Amsterdam en 1664, mort en 1719. — Élève de Jean-Baptiste Wéeninx, son père.*

476. (F.[37]) Un coq, un faisan et autres oiseaux morts, déposés au pied d'un grand vase avec quelques instrumens de chasse :

Le fond représente un jardin.

Toile : Haut. 0 m. 91 c. — Larg. 0 m. 76 c.

—

WERSTAPPEN, *Flamand, établi à Rome.*

477. (F.[25]) Vue de la forêt de *Papigno* près de *Terni*.

Deux Ermites sont au milieu du chemin. On voit à travers les arbres le cours précipité du *Velino*.

Toile : Haut. 0 m. 62 c. — Larg. 0 m. 48 c.

—

WOUWERMANS (Philippe), *né à Harlem en 1620, mort en 1668. — Élève de son père, Paul Wouwermans et de Jean Wynants.*

478. (C.) Le repos du Laboureur :

Un homme et une femme sont assis à terre : auprès d'eux un cheval sans bride.

Bois : Haut. 0 m. 30 c. — Larg. 0 m. 35 c.

479. (V.) Les petits sables :

Paysage montueux; dunes sablonneuses et figures.

Toile : Haut. 0 m. 63 c. — Larg. 0 m. 79 c.

480. (V.) Le coup de l'étrier :

Sur une grande route, devant la porte d'une hôtellerie, trois cavaliers se sont arrêtés pour boire et se rafraîchir. — L'un d'eux, vu par le dos, se penche sur son cheval, pour prendre un verre de vin que lui verse l'hôtelier; le second, vu de face, s'enveloppe dans son manteau, après s'être désaltéré, et le troisième qui vient aussi de boire un coup, monté sur un cheval blanc, vu de profil, met une main à la poche pour payer l'écot, tandis que de l'autre il retient son cheval, impatient de se remettre en marche.

Bois : Haut. 0 m. 27 c. — Larg. 0 m. 22 c.

481. (V.) Une foire aux chevaux. (*Le Rieur.*)

Un cavalier examine un cheval blanc arabe, que lui montrent un maquignon et son palefrenier, tous deux à pied : ce cheval, vu de profil, d'une taille élégante et d'une belle encolure, piqué aux flancs par un valet d'écurie qui est dessus, bondit sur les pieds de devant, courbe la tête, et redressant la crinière et la queue, lance en l'air les jambes de derrière. — Un petit garçon, tenant une longue gaule, rit et de loin cherche à exciter le noble quadrupède. — A droite, deux autres chevaux menés en laisse. — Le fond représente une foire.

Bois : Haut. 0 m. 41 c. — Larg. 0 m. 52 c.

482. (V.) Marche d'une armée et d'un convoi militaire :

Sur le devant du tableau, le commandant de la troupe, monté sur un beau cheval blanc arabe qui se cabre au mouvement d'arrêt de son maître, donne des ordres à un fantassin, qui tient son chapeau bas d'une main et une hallebarde de l'autre.

Bois : Haut. 0 m. 34 c. — Larg. 0 m. 47 c.

—

WOUWERMANS (**Pierre**), *frère de Philippe, né à Harlem, mort en 1668.*

483. (F.[25]) Paysage, avec deux chevaux et leurs palefreniers.

Bois : Haut. 0 m. 37 c. — Larg. 0 m. 50 c.

—

WYCK (**Thomas**). *On ignore l'époque de sa naissance, ainsi que celle de sa mort.*

484. (F.[25]) Paysage-Marine :

L'on voit de grandes fabriques, des barques dans le fond et différens ballots sur le rivage. Au-devant du tableau, des femmes avec des légumes et plusieurs autres figures.

Bois : Haut. 0 m. 45 c. — Larg. 0 m. 65 c.

485. (F.[37]) Le Corsaire levantin et le Juif; Intérieur de bazar sur le quai d'un port de mer :

Un corsaire, coiffé d'un turban, se présente au bazar. — Il est accompagné d'une jeune dame, et il vient assister à l'inventaire des objets qu'il a vendus à un Juif, portant une casaque rouge. Un Proxénète, en habit noir, est attentif à en prendre note. — Derrière eux, sont divers groupes de matelots dont la mine patibulaire annonce qu'ils font partie de l'équipage de cet écumeur de mer. — A droite, on voit un entassement considérable d'ustensiles et de marchandises, tels que malles, barriques, dames-jeannes, fusils, matelas, etc. — A gauche, la vue se projette sur le port.

Toile : Haut. 1 m. 07 c. — Larg. 0 m. 86 c.

WYNANTS (**Jean**), *né à Harlem vers 1606, mort en 1670.*

486. (V.) Paysage :

Lisière d'un bois, troncs d'arbres et plantes sur un terrain sablonneux. — Les figures sont d'Adrien Van den Velde.

Toile : Haut. 0 m. 46 c. — Larg. 0 m. 55 c.

—

ZAMPIERI (**Domenico**), *voyez* **DOMINIQUIN**.

—

ZORG (**Henri-Rokes, surnommé**), *né à Rotterdam, en 1621, mort en 1682. — Élève de David Teniers.*

487. (†) Intérieur d'une salle basse :

Sur une table dont les supports sont en pieux de chêne, et dans un grand panier d'osier, l'on voit des choux frisés de différentes couleurs, des racines de carotte, des raves rondes, des oignons, etc. — De semblables légumes se trouvent aussi entassés à terre et sous la table, au milieu de casseroles de cuivre et de barillets. — A gauche, entourée de trois chèvres et d'une vache, une servante nettoie un chaudron, tandis qu'à droite, une ménagère se montrant à la porte de la cuisine, à laquelle on monte par un petit escalier en bois, jette de l'eau qui ruisselle sur le pavé.

Bois : Haut. 0 m. 52 c. — Larg. 0 m. 63 c.

—

ZUCCHERI (**Frederico**), *né à Sant' Angelo in Vado, dans les États du Pape, en 1550, mort* *à Ancône en 1616. — Élève de Taddeo Zuccheri son frère aîné.*

488. (F.[25]) Le Père Éternel soutient entre ses genoux le corps mort de son fils :

Deux Anges lui soulèvent le bras ; divers Chérubins sont à l'entour.

Cuivre : Haut. 0 m. 41 c. — Larg. 0 m. 32 c.

Article omis en son rang.

INCONNU.

489. (F.[37]) Portrait d'une Dame :

Coiffée d'un bonnet de mousseline blanche, elle est assise sur un fauteuil en velours rouge d'Utrecht. — D'une main tenant un crayon, elle semble réfléchir au sujet qu'elle va dessiner. Du papier gris, un portefeuille en carton sont sur ses genoux.

Toile : Haut. 0 m. 37 c. — Larg. 0 m. 27 c.

BRONZES.

—

490. (F.[25]) Le Mercure de *Jean Bologne.*
Haut. 0 m. 67 c.

491. (F.[25]) Le Bacchus de *Michel-Ange.*
Haut. 0 m. 34 c.

492. (F.[25]) Le Faune antique.
Haut. 0 m. 31 c.

493. (F.[25]) Hercule domptant le Dragon.
Haut. 0 m. 41 c.

494. (F.[25]) Deux Lions en bronze.
Haut. 0 m. 16 c.

495. (V.) Une Pallas tenant une lance d'une main, et de l'autre une patère. (*Bronze antique sur fût de colonne avec piédestal en marbre.*)
Haut. 0 m. 25 c.

496. (V.) Polyphème lance le rocher à Ulysse et à ses compagnons. (*Ancienne fonte.*)
Haut. 0 m. 66 c.

497. (V.) Hercule terrassant Achéloüs. (*Ancienne fonte.*)
Haut. 0 m. 65 c. 1/2.

498. (V.) Un Cheval. (*Sur socle en porphyre.*)
Haut. 0 m. 12 c.

499. (V.) Un taureau. (*Sur socle en porphyre.*)

Haut. 0 m. 71 c.

500. (V.) Hercule combattant le Lion. (*Petit bronze florentin.*)

Haut. 0 m. 18 c.

501. (V.) Apollon et Daphné. (*Sur socle, bronze florentin et d'ancienne fonte, très-rare.*)

Haut. 0 m. 87 c.

502. (V.) Jupiter foudroyant. (*Fonte ancienne.*)

Haut. 0 m. 58 c.

503. (V.) Figure de guerrier. (*Fonte ancienne.*)

Haut. 0 m. 58 c.

504. (V.) Louis XV à cheval.

Haut. 0 m. 43 c.

505. (V.) Henri IV à cheval.

Haut. 0 m. 36 c.

MARBRES.

—

506. (F.[25]) Une tête de Muse, par *Antonio* CANOVA.

Haut. 0 m. 59 c.

507. (F.[25]) Buste de M. François-Xavier FABRE, Fondateur du Musée, par *Emilio* SANTARELLI, *fils d'Antonio*.

Haut. 0 m. 59 c.

508. (F.[25]) Buste de Vittorio ALFIERI, par *B.* CORNEILLE *de Marseille*.

Haut. 0 m. 72 c.

509. (V.) Une coupe à deux anses. (*Marbre blanc.*)

Haut. 0 m. 21 c.

510. (V.) Une petite coupe à deux anses. (*Marbre de Sicile.*)

Haut. 0 m. 13 c.

511. (V.) Urne funéraire, avec inscriptions, ornemens et anses doubles. (*Marbre de Paros.*)

Haut. 0 m. 31 c.

512. (V.) Un petit buste de Jupiter. (*Marbre antique.*)

Haut. 0 m. 22 c.

513. (V.) Une Odalisque, par BARTOLINI *de Florence*.

Longueur 1 m. 20 c. — Haut. 0 m. 57 c.

514. (V.) Jeune femme sortant du bain. (*Marbre blanc.*)

Haut. 0 m. 56 c.

515. (V.) Petite Baignoire à griffes de Lion. (*Marbre vert antique.*)

Haut. 0 m. 08 c.

516. (V.) Une Biche. (*Marbre brocatelle.*)

Haut. 0 m. 22 c.

517. (V.) Une Biche. (*Marbre brocatelle.*)

Haut. 0 m. 12 c.

518. (V.) Figure drapée avec piédestal en marbre.

Haut. 0 m. 49 c.

519. Un Fragment de frise antique.

Donné par M. le Vicomte D'AZÉMAR.

520. Une Figure représentant l'*Hiver*, connue sous le nom de la *Frileuse* :

521. Autre Figure, représentant l'*Été*.

Ces deux statues ont été données par M. le Baron CREUZÉ DE LESSER, ancien préfet de l'Hérault.

522. Buste antique, portrait d'une femme Romaine.

Donné par M. GRIMES.

523. Restes d'un petit Sarcophage antique, de forme ovale, orné d'un bas-relief, représentant un cadavre étendu sur son bûcher.

524. (G.) Vénus sortant du bain. (*Copie d'après l'antique.*)

525. (†) Jupiter, Neptune et Junon. (*Bas-relief.*)

526. (†) L'ensevelissement d'un guerrier. (*Bas-relief.*)

527. (†) Des Faunes entourent Sylène; une Nymphe est appuyée sur un lit. (*Bas-relief.*)

PLATRES.

528. L'Apollon de Belvédère. (*Exécuté par* LEGENDRE.)

529. *Argus* endormi.

530. *Mercure* épie le moment où *Argus* est endormi, et prend son épée pour lui trancher la tête.

Ces deux statues sont de M. DE BAY père, qui les a données à la ville.

OBJETS D'ART.

—

531. (**F.**[25]) Un vase étrusque antique.

532. (**F.**[37]) Un vase étrusque avec figures.

533. (**F.**[37]) Un vase étrusque.

534. (**F.**[37]) Deux grands vases étrusques.

535. (**F.**[37]) Vase en albâtre.
Haut. 0 m. 48 c.

536. (**V.**) Un petit groupe en albâtre. (*Le Christ sur les genoux de sa mère.*)
Haut. 0 m. 22 c.

537. (**V.**) Une petite coupe. (*Rouge antique.*)
Haut. 0 m. 20 c. 1/2

538. (**V.**) Trois vases grecs.

539. (**V.**) Petit modèle du tombeau de Scipion. (*Jaune antique.*)
Haut. 0 m. 16 c.

540. (**V.**) Une petite coupe forme carrée. (*Rouge antique.*)
Haut. 0 m. 12 c.

541. (**V.**) Une petite coupe. (*Albâtre oriental.*)
Haut. 0 m. 19 c.

542. (V.) Une petite coupe. (*Jaune antique.*)
Haut. 0 m. 16 c. 1/2.

543. (V.) Une petite coupe rubanée. (*En albâtre.*)
Haut. 0 m. 10 c.

544. (V.) Vase grec. (*Six figures, dont le sujet principal est le* PRÉSENT.

545. (V.) Autre vase à deux anses. (*Femme présentant un disque.*)

546. (V.) Vase forme basse. (*Sujet satyrique.*)

547. (V.) Un grand vase. (*Hercule et Omphale.*)

548. (V.) Vase en forme de Buire. (*Composition de cinq figures ; sujet érotique.*)

549. (V.) Petit vase. (*Trois figures. — La* CONSOLATION.

550. (V.) Vase forme d'urne. (*Deux figures de Prêtresses.*)

551. (V.) Vase orné de trois figures. (*Le* DÉFI.)

552. (F.[37]) Une Mouche peinte sur verre.
Rond, 0 m. 06 c. de diamètre.

553. Un Neptune. (*Il est en cire, modelé par Bartolommeo* AMMANATI.)

DESSINS.

Il eût été trop long d'indiquer ici le sujet de chaque dessin. — On s'est borné à donner une liste alphabétique des noms des peintres, artistes et amateurs, dont les ouvrages au crayon, à la plume, au bistre, à l'encre de la Chine, à l'aquarelle, à la sépia, etc., sont exposés dans les salles du Musée.

Alaux.
André del Sarto.
Arpino (Chevalier d')
Balen (Van).
Bellangé (Hippolyte).
Bellay.
Benvenutti.
Bergeret.
Bertaux (David).
Bez (J.-J. de).
Bodinier.
Boguet (Didier).
Boissieu (J.-J.).
Bonington (R.-P.).
Bosio.
Both, d'*Italie* (Jean).
Bouchardon (Edme).
Boucher.
Boulanger (L.).
Boullongne (Bon).
Bourdon (Sébastien).
Bourgeois.
Bouton.
Brascassat (Raimond).
Brun (Charles Le).
Bruno.
Calabrèse (Le).
Camuccini.
Caravage (Polydore de).
Champaigne (Phil. de).
Charlet.
Chasselat.
Cherubini (L.).
Ciceri.
Claire (Mad[e] D....).
Coignet.
Copley (Fielding).
Corrège (Le).
Coypel.
Dandré-Bardon.
David (Louis).
Demarne.
Deroy.
Deveria.

Devèze (Charles).
Duval le Camus.
Enfantin (Auguste).
Fabre (F.-X.-Pascal).
Ferri.
Finard (David).
Fleury.
Forbin (Comte A. de).
Fort (Siméon).
Fragonard.
Francia (L.)
Franco (Baptiste).
Gamelin.
Garneray (L.)
Garnerey (Auguste).
Gassieu.
Gauffier (Louis).
Gérard.
Géricault.
Girodet-Trioson.
Godefroy.
Gosse.
Granet.
Grenier (F.).
Greuze.
Gudin.
Guido (Reni).
Hackert (Philippe).
Haudebourt-Lescot.
Hire (Laurent de la).
Inconnus.
Isabey.
Jesi.
Joly (A.).
Jules Romain.
Laffite.
Lagrénée le jeune.
Langlois.
Laurens (de Montpellier).
Laurent.
Lecomte (Hippolyte).
Leprince (Xavier).
Lesaint.
Lesueur.
Lory.
Lutherburg.
Macpherson (Minio).
Mallet.
Maréchal (J.-B.).
Martinet.
Meynier (Charles).
Michalon.
Montfort.
Moucheron.
Natoire.
Nicolle (J.-V.).
Ommeganck.
Orschwiler (d').
Pajos.
Parant (L.-B.).
Pesne.
Pigol.
Pinelli.
Poussin (Nicolas).
Procaccini (Camille).
Prud'hon.
Raphaël.
Redouté.

Regnault.
Rembrandt.
Renoux.
Revoil (P.).
Richard de Lyon.
Richard de Milhau (T.).
Rioult.
Robert (Hubert).
Robert (L.).
Roehn.
Roger (A.).
Ronmy.
Roslin (Chevalier de).
Rumeau.
Saint-Ours.
Salvator (Rosa).
Schnetz (Victor).
Sebastien del Piombo.
Sianini.
Stella.
Swebach.
Testelin.
Thibaut.
Thiénon.
Thomas.
Topfer.
Truchot.
Turpin (Comte de).
Vanloo (Carle).
Varloy (J.).
Vatau.
Vauzelle.
Vernet (Carle).
Vernet (Horace).
Veye (Comte de).
Vien.
Villeneuve.
Vincent.
Vouet.
Watelet.

TABLES ALPHABÉTIQUES

DES NOMS DES PEINTRES MENTIONNÉS AU CATALOGUE DU MUSÉE - FABRE, CLASSÉS SUIVANT LES ÉCOLES AUXQUELLES ILS APPARTIENNENT.

PEINTRES DE L'ÉCOLE FRANÇAISE.

Bertin (Édouard).
Boguet (Didier).
Bourdon (Sébastien).
Brascassat.
Brun (Charles Le).
Castellan (Antoine-Laurent).
Champmartin.
Chauvin.
Courtois (*dit* le Bourguignon).
Coustou (Jean).
Coypel (Antoine).
Dandré-Bardon.
Danvin.
David (Louis).
Demarne.
Demoulin (Jérôme-Réné).
Deshayes (Jean-Baptiste).
Desmarais.
Dulin (Pierre).
FABRE (F.-X.), *Fondateur du Musée*.
Forbin (Comte de).
Fosse (Charles de La).

Gagnereaux (Bénigne).
Gamelin.
Gauffier.
Girodet-Trioson.
Granet.
Grenier Saint-Martin.
Greuze.
Haudebourg (née Lescot).
Jacquotot (d'après Girodet).
Jensen.
Jouvenet.
Lahire (Laurent).
Lagrénée l'aîné.
Lagrénée le jeune.
Largillière (Nicolas).
Lebrun (Charles).
Legrand (Jenny).
Lemoine (François).
Lesueur (Eustache).
Loir (Nicolas).
Manglard (Adrien).
Martin (Jean-Baptiste *des Gobelins*).
Mérimée.
Meynier (Charles).
Michallon (Achille-Etna).
Mignard (Pierre).
Moine (François Le).
Monoyer (Jean-Baptiste).
Montvoisin.
Moulinier (Jacques).
Natoire (Charles).
Oudry (Jean-Baptiste).
Patel le père.
Pierre (Jean-Baptiste-Marie).
Poitreau.

Poussin (Nicolas).
Prudhon.
Ranc (Jean).
Raoux (Jean).
Regnault (Jean-Baptiste).
Rémond.
Rigaud (Hyacinthe).
Robert (Hubert).
Scheffer.
Subleyras (Pierre).
Sueur (Eustache Le).
Sweback.
Taunay.
Trèmollières (Pierre-Charles).
Troy le père (François de).
Vanderburck (André).
Vanloo (Carle).
Vanspaendonck.
Vernet (Joseph).
Vien (Joseph-Marie).
Vincent (François-André).
Vouet (Simon).
Watelet (Louis-Étienne).

—

PEINTRES DES ÉCOLES FLAMANDE, HOLLANDAISE ET ALLEMANDE.

Asselyn (Jean).
Berckheydem (Gérard).
Berghem (Nicolas).
Bloemaert (Abraham).
Bloemen (Orizzonte).

Bloemen (Pierre Van).
Baudewins (Antoine-François).
Breughel (Jean).
Canaletto.
Champaigne (Philippe).
Cuip (Albert).
Denis (Simon-Joseph).
Dietrich.
Dow (Gérard).
Duc (Le).
Dujardin (Carle *ou* Karel).
Dyck (Antoine Van).
Elzeimer (Adam).
Genoels (Abraham).
Hackert (Philippe).
Hem (Jean-David de).
Hemmelingk.
Heus (Jacques).
Hondius.
Hondekoeter (Melchior).
Huysmans (Corneille).
Kabel (Adrien Van der).
Kalf (Guillaume).
Lint (Pierre Van).
Marcellis (Otto).
Metsu (Gabriel).
Meulen (Van der).
Miel *ou* Meel (Jean).
Mieris le vieux (François).
Milé *ou* Milet (Francisque).
Mirevelt (Michel).
Molenaert.
Moucheron (Isaac).
Néer (Eglon Van der).
Neer (Arnoult Van der).

Neefs (Peeter).
Orizzonte (Bloemen).
Ostade (Adrien Van).
Poelenburg (Corneille).
Potter (Paul).
Porbus le fils (François).
Pynaker.
Reinhart.
Reynolds (Joshua). *
Rokes (Henry). *Voyez* Zorg.
Roghman (Roelan).
Rubens (Pierre-Paul).
Ruysdael (Jacques).
Seghers (Gérard).
Steen (Jean).
Steenwick le fils (Henri Van).
Storck (Abraham).
Swanevelt (Herman).
Tempel (Abraham Van den).
Teniers (David).
Terburg.
Veerendael.
Velde (Adrien Van den).
Velde (Guillaume Van den).
Voogd (Henri).
Wenix (Jean).
Werstappen.
Wouwermans (Philippe).
Wouwermans (Pierre).
Wyck (Thomas).
Wynants (Jean).
Zorg (Henri Rokes).

* Ce tableau rentre dans l'École flamande, pour le dessin et la couleur.

Peintres des écoles d'Italie.

Albane.
Allori (Alessandro).
Allori (Cristofano).
André del Sarto.
Barbieri (*voir* Guerchin).
Baroche.
Bassano.
Bolognese (Giov.-Franc.-Grimaldi).
Cagliari (Paul Véronese).
Calabrese (Preti).
Campovecchio.
Carravagio (Amerighi *dit*).
Cardi (*voir* Cigoli).
Carrache (Annibal).
Carrache (Augustin).
Carrache (Louis).
Castiglione (Giov. Benedetto).
Cesare da Sesto.
Cigoli.
Correge (Antonio Allegri).
Daniel de Voltere (Ricciarelli).
Dolci (Carlo).
Dominiquin (Zampierri).
Dughet (Gaspre).
Espagnolet (Ribera).
Fra Bartolomeo della Porta.
Franceschini (*dit* le Volterrano).
Garofalo (Benvenuto Tisio da).
Gaspre (Dughet).
Ghirlandajo (Ridolpho Gorradi del).
Giordano (Luca).

Giotto.
Guerchin (Giov. Frances. Barbieri *dit*).
Guido (Reni).
Josepin (Cesari d'Arpino).
Jules Romain (Pipi).
Locatelli (Andréa).
Lutti (Benedetto).
Mazzuoli (Parmesan).
Mengs (Raphaël).
Mola (Pier Francesco).
Ottino (Pascale).
Palme (le vieux).
Panini.
Parmezan (Mazzuoli).
Paul Veronese (Cagliari).
Pipi (Jules Romain).
Preti (Mathia *dit* Calabrese).
Raffaëlo (Sanzio).
Reni (Guido).
Reschi (Pandolfo).
Reynolds (Josué). *
Ribera (Espagnolet).
Ricciarelli (Daniel de Volterre).
Rosselli (Matteo).
Salimbeni (Ventura).
Salvator Rosa.
Salvi (Sassoferrato).
Santi di Tito-Titi.
Sassoferrato (Salvi da).
Sebastien del Piombo.
Sodoma (Giov. Antonio Razzi da Vercelli).
Testa (Pietro).
Titien (Vecelli).

* Le sujet de ce tableau se rapproche du style des Écoles d'Italie.

Vanni (Francesco).
Vannucchi (Andrea del Sarto).
Venusti (Marcello).
Zampieri (Dominiquin).
Zuccheri (Frederico).

FIN DES TABLES.

www.ingramcontent.com/pod-product-compliance
Lightning Source LLC
LaVergne TN
LVHW020024170826
845678LV00001B/104

9782329771366